行政复议和行政诉讼百问百答

中国法制出版社

目 录

行政复议法

第一章 总 则

1. 行政复议法的立法目的是什么? ……………… 1
2. 什么情形下可以申请行政复议? ……………… 1
3. 行政复议工作应当遵循哪些原则? …………… 2
4. 什么是行政复议机关?其职责是什么? …… 2
5. 什么是行政复议机构?其职责是什么? …… 3
6. 行政复议案件可以调解吗?调解应当遵循哪些原则? ……………………… 3
7. 如何做好行政复议人员队伍建设? ………… 4
8. 行政复议机关如何加强信息化建设? ……… 4

1

9. 在行政复议工作中，对哪些主体应当给予表彰和奖励? ················ 5

10. 对行政复议决定不服的，可以提起行政诉讼吗? ················ 5

第二章 行政复议申请

11. 哪些情形下，公民、法人或者其他组织可以申请行政复议? ················ 6

12. 哪些事项不属于行政复议范围? ············ 8

13. 公民、法人或者其他组织认为行政机关的行政行为所依据的规范性文件不合法的，可以申请合法性审查吗? ················ 9

14. 哪些主体有权申请行政复议? ··············· 10

15. 什么情形下，申请人可以推选代表人参加行政复议? ················ 10

16. 什么情形下，第三人可以参加行政复议? ················ 11

目 录

17. 申请人、第三人可以委托代理人参加行政复议吗? ………… 11

18. 什么情形下,行政复议申请人可以申请法律援助? ………… 12

19. 法律援助机构可以提供哪些形式的法律援助? ………… 14

20. 行政复议案件中,谁是被申请人? ……… 14

21. 申请行政复议的期限是多久? ……… 15

22. 申请行政复议应当书面申请还是口头申请? ………… 16

23. 什么情形下,申请人应当先申请行政复议,对复议决定不服的,再提起行政诉讼? ………… 17

24. 县级以上地方各级人民政府管辖哪些行政复议案件? ………… 18

25. 国务院部门管辖哪些行政复议案件? …… 19

26. 对省、自治区、直辖市政府，国务院部门作出的行政复议决定不服的，如何救济？ ………… 20

27. 对实行垂直领导的行政机关、税务和国家安全机关的行政行为不服的，向什么部门申请行政复议？ ………… 21

28. 对履行行政复议机构职责的司法行政部门的行政行为不服的，向什么部门申请行政复议？ ………… 21

29. 在行政复议期间可以提起行政诉讼吗？ ………… 22

第三章　行政复议受理

30. 行政复议申请符合哪些条件的，复议机关应当受理？ ………… 23

31. 不符合行政复议受理条件的，复议机关应当如何处理？ ………… 24

32. 行政复议申请的审查期限届满，复议机关未作出不予受理决定的，可以视为受理吗？ …………………… 24

33. 行政复议申请材料不齐全或者表述不清楚的，如何处理？ ………… 25

34. 对当场作出的行政处罚决定不服，如何申请行政复议？行政机关如何处理？ …… 26

35. 行政复议机关受理行政复议申请后，发现不符合受理范围的，如何处理？ …… 26

36. 法律规定复议前置的事项，行政复议机关不予受理、驳回申请或者受理后超期不答复的，可以起诉吗？ ……… 27

37. 行政复议机关对复议申请不予受理、驳回申请或者受理后超期不答复的，上级行政机关可以采取什么措施？ ……… 27

第四章　行政复议审理

38. 受理行政复议申请后，适用什么程序审理？有保密要求吗？ …………… 29

39. 审理行政复议案件的依据包括哪些? …… 29

40. 上级行政复议机关可以审理下级行政复议机关管辖的行政复议案件吗? …… 30

41. 什么情形下,行政复议中止? ………… 30

42. 行政复议机关无正当理由中止行政复议的,上级行政机关可以采取什么措施? ……………………………… 32

43. 什么情形下,终止行政复议? ………… 32

44. 行政复议期间行政行为停止执行吗? …… 33

45. 行政复议证据包括哪些种类? ………… 33

46. 行政复议中,被申请人应对什么事项负有举证责任? ………………… 34

47. 行政复议中,什么情形下申请人应当举证? ……………………………… 34

48. 行政复议机构有权调查取证吗?有哪些程序要求? ………………… 35

目　录

49. 行政复议期间，被申请人可以自行收集证据吗？ ……… 36

50. 申请人、第三人可以查阅、复制被申请人提出的书面答复、作出行政行为的证据、依据等材料吗？ ……… 36

51. 行政复议机构应当在什么期限内将行政复议申请书副本发送被申请人？被申请人应当在什么期限内答复？ ……… 37

52. 适用普通程序审理行政复议案件的，应当如何听取当事人意见？ ……… 37

53. 什么情形下，行政复议机构应当组织听证？ ……… 38

54. 听证有哪些程序要求？ ……… 38

55. 什么情形下，应当提请行政复议委员会提出咨询意见？ ……… 39

56. 什么情形下，可以适用简易程序审理行政复议案件？ ……… 40

7

57. 适用简易程序审理行政复议案件有哪些程序要求？ ·········· 41

58. 在审理过程中，简易程序可以转为普通程序吗？ ·········· 41

59. 申请人提出规范性文件合法性审查申请的，行政复议机关应当在什么期限内处理？ ·········· 42

60. 行政复议机关在对行政行为进行审查时，认为其依据不合法的，如何处理？ ·········· 42

61. 在什么情形下，行政复议机构应当要求规范性文件或者依据的制定机关答复？ ·········· 43

62. 行政复议机关有权处理有关规范性文件或者依据，认为相关条款合法或违法的，如何分别处理？ ·········· 43

63. 行政复议机关无权处理有关规范性文件或者依据，转送其他机关的，接受转送的机关应当在什么期限内回复处理意见？ ………… 44

第五章　行政复议决定

64. 行政复议机关审理行政复议案件，如何作出行政复议决定？ ………… 45

65. 行政复议案件的审理期限是多久？ ……… 46

66. 什么情形下，行政复议机关决定变更行政行为？ ………… 46

67. 什么情形下，行政复议机关决定撤销或者部分撤销行政行为，并可以责令重新作出行政行为？ ………… 47

68. 什么情形下，行政复议机关确认行政行为违法？ ………… 48

69. 什么情形下，行政复议机关决定被申请人限期履行法定职责？ ……… 49

70. 什么情形下，行政复议机关确认行政行为无效？ ……………………… 49

71. 什么情形下，行政复议机关决定维持行政行为？ ……………………… 50

72. 什么情形下，行政复议机关决定驳回申请人的行政复议请求？ ………… 50

73. 被申请人不按照规定提出书面答复，提交证据、依据的，如何处理？ ……… 50

74. 被申请人不依法订立、不依法履行、未按照约定履行或者违法变更、解除行政协议的，应当承担什么责任？ …… 51

75. 申请人在申请行政复议时一并提出行政赔偿请求的，如何处理？ ………… 52

76. 申请人没有提出行政赔偿请求的，行政复议机关可以责令被申请人返还财产，解除查封、扣押、冻结，或者赔偿吗？ ……………………… 52

目 录

77. 如何制作行政复议调解书? ……… 53

78. 调解未达成协议或者调解书生效前一方反悔的,如何处理? ………… 53

79. 如何达成和解?和解内容有什么要求? …………………………………… 54

80. 撤回行政复议申请、终止行政复议的,申请人能再次提出行政复议申请吗? …………………………………… 54

81. 行政复议决定书何时发生法律效力? …… 55

82. 什么情形下,可以制发行政复议意见书? …………………………………… 55

83. 行政复议决定书、调解书、意见书有什么法律效力? ………………… 55

84. 申请人、第三人逾期不起诉又不履行行政复议决定书、调解书的,或者不履行最终裁决的行政复议决定的,如何处理? ……………………… 56

11

85. 行政复议决定书可以向社会公开吗？ …… 57

86. 什么情形下，行政复议决定书、意见书应当抄告被申请人的上一级主管部门？ ………………………………… 57

第六章 法律责任

87. 行政复议机关不依照本法规定履行行政复议职责，经督促仍不改正的，应当承担什么法律责任？ ………… 58

88. 行政复议机关工作人员在行政复议活动中，徇私舞弊或者有其他渎职、失职行为的，应当承担什么法律责任？ …… 58

89. 被申请人不提出书面答复，不提交证据、依据等材料，阻挠申请行政复议的，应当承担什么法律责任？ ……… 59

90. 被申请人不履行或者无正当理由拖延履行行政复议决定书、调解书、意见书的，应当承担什么法律责任？ …… 60

91. 拒绝、阻挠行政复议人员调查取证的,应当承担什么法律责任? ………… 60

92. 行政机关及其工作人员违反《行政复议法》,行政复议机关如何移送有关材料? ………………………… 61

93. 行政复议机关发现公职人员涉嫌职务违法或者职务犯罪的问题线索的,如何处理? ……………………… 61

第七章 附 则

94. 行政复议机关受理行政复议申请能收费吗? ……………………………… 62

95. 行政复议期间如何计算? ………… 62

96. 外国人、无国籍人、外国组织适用《行政复议法》吗? ………………… 63

行政诉讼法

第一章 总　　则

1. 什么情形下可以提起行政诉讼？ ············ 64
2. 被诉行政机关负责人有出庭应诉的义务吗？ ·· 64

第二章 受案范围

3. 对哪些行政行为可以提起行政诉讼？ ······ 65
4. 对哪些事项不能提起行政诉讼？ ············ 67

第三章 管　　辖

5. 各级法院对行政案件的管辖范围如何划分？ ·· 68
6. 行政案件的属地管辖如何确定？ ············ 69

7. 对限制人身自由的行政强制措施不服提起的诉讼,由哪个法院管辖? ………… 69

8. 因不动产提起的行政诉讼,由哪个法院管辖? ………………………………… 69

9. 两个以上人民法院都有管辖权的案件,向哪个法院起诉? ………………… 70

10. 法院发现受理的案件不属于本院管辖的,如何处理? …………………… 70

11. 有管辖权的人民法院由于特殊原因不能行使管辖权的,如何处理? …… 71

12. 上级法院可以审理下级法院管辖的行政案件吗? ………………………… 71

第四章　诉讼参加人

13. 哪些主体有权提起行政诉讼? ……………… 72

14. 行政诉讼中,谁是被告? ……………… 73

15. 什么情形属于共同诉讼? ……………… 74

16. 什么情形下，当事人可以推选代表人进行诉讼？ …………………… 74

17. 什么情形下，第三人可以参加诉讼？第三人有上诉权吗？ ………………… 75

18. 没有诉讼行为能力的公民如何起诉？ …… 75

19. 哪些人可以被委托为诉讼代理人？ ……… 75

20. 诉讼代理人可以查阅、复制案件材料吗？ …………………………………… 76

第五章 证 据

21. 行政诉讼中，证据有哪些种类？ ………… 77

22. 行政诉讼中，谁负有举证责任？ ………… 77

23. 在诉讼过程中，被告可以自行收集证据吗？ ………………………………… 78

24. 在什么情形下，被告可以延期提供证据或补充证据？ …………………… 78

25. 行政诉讼中，原告可以提供证据吗？ …… 79

26. 什么情形下，原告应当提供证据？ ……… 79

27. 法院可以调取哪些证据？ …………… 79

28. 证据可能灭失或者以后难以取得的，可以采取什么措施？ …………… 80

29. 证据应当在法庭上出示吗？ ………… 81

第六章 起诉和受理

30. 行政案件可以不经复议直接起诉吗？ …… 82

31. 不服复议决定，或者复议机关逾期不作决定的，可以在什么期限内起诉？ …… 82

32. 对行政行为直接向法院起诉的，诉讼时效是多久？ …………… 83

33. 对行政机关不履行法定职责起诉的，诉讼时效是多久？ …………… 84

34. 因特殊情况耽误起诉期限的，可以延长期限吗？ …………… 84

35. 对行政案件起诉应当符合哪些条件？ …… 85

36. 书写起诉状有困难的，可以口头起诉吗？ ………………………………… 85

37. 什么情形下，法院应当接收起诉状？ …… 86

38. 法院不接收起诉状、接收起诉状后不出具书面凭证，或者不一次性告知当事人需要补正的起诉状内容的，可以投诉吗？ ……………………… 87

39. 法院既不立案，又不作出不予立案裁定的，当事人可以向上一级人民法院起诉吗？ ………………………… 87

40. 认为行政行为所依据的规范性文件不合法的，可以在起诉时一并请求审查吗？ ……………………………… 88

第七章　审理和判决

41. 诉讼期间，可以停止行政行为的执行吗？ ……………………………… 89

42. 哪些行政案件起诉时可以先予执行？ …… 90

43. 诉讼参与人妨碍诉讼的,应当承担什么法律后果? ………………………… 90

44. 法院审理行政案件,适用调解吗? ……… 92

45. 法院审理行政案件以什么为依据? ……… 92

46. 法院在审理行政案件中,经审查认为规范性文件不合法的,如何处理? …… 93

47. 法院在审理行政案件中,认为行政机关的主管人员、直接责任人员违法违纪的,如何处理? ………………… 94

48. 法院在审理行政案件中,被告经传票传唤无正当理由拒不到庭,或者未经法庭许可中途退庭的,如何处理? …………………………………………… 94

49. 什么情形下,法院判决驳回原告的诉讼请求? ……………………………… 95

50. 什么情形下,法院判决撤销或者部分撤销行政行为? ……………………… 95

51. 法院判决被告重新作出行政行为的，被告可以作出与原行政行为相同的行政行为吗? …… 96

52. 什么情形下，法院判决被告在一定期限内履行法定职责? …… 96

53. 什么情形下，法院判决被告履行给付义务? …… 96

54. 什么情形下，法院判决确认行政行为违法? …… 97

55. 什么情形下，法院判决确认行政行为无效? …… 98

56. 法院判决确认违法或者无效的，可以要求被告采取补救措施或承担赔偿责任吗? …… 98

57. 什么情形下，法院判决变更行政行为? …… 98

58. 被告不依法履行、未按照约定履行或者违法变更、解除行政协议的，法院判决被告承担什么责任? …… 99

59. 法院一审的审理期限是多久? ………… 100

60. 法院审理哪些第一审行政案件可以适用简易程序? ………… 100

61. 适用简易程序审理的行政案件,审理期限是多久? ………… 101

62. 当事人不服人民法院第一审判决或裁定的,上诉期限是多久? ………… 101

63. 法院审理上诉案件,审理期限是多久? … 102

64. 法院审理上诉案件,如何根据不同情形作出处理? ………… 102

65. 什么情形下,当事人可以申请再审? … 103

66. 什么情形下,法院应当再审? ………… 103

67. 公民、法人或者其他组织拒绝履行判决、裁定、调解书的,可以强制执行吗? ………… 104

68. 公民、法人或者其他组织对行政行为在法定期限内不提起诉讼又不履行的,可以强制执行吗? ………… 105

69. 行政机关拒绝履行判决、裁定、调解书的，法院可以采取哪些措施？ …… 105

典型案例

1. 刘某某诉广东省某市人民政府行政复议案 ………………………………… 107

2. 糜某诉浙江省某市住房和城乡建设局、某市人民政府信息公开及行政复议检察监督案 ………………… 112

3. 范某某诉浙江省某县人民政府环保行政复议案 ……………………… 118

4. 某国际有限公司、湖北某高速公路有限公司诉湖北省荆州市人民政府、湖北省人民政府解除特许权协议及行政复议一案 ………………………… 125

5. 徐某某与贵州省某县政府辞退决定行政复议检察监督案 ……………… 131

行政复议法

第一章 总 则

1. 行政复议法的立法目的是什么?

《行政复议法》第一条规定,为了防止和纠正违法的或者不当的行政行为,保护公民、法人和其他组织的合法权益,监督和保障行政机关依法行使职权,发挥行政复议化解行政争议的主渠道作用,推进法治政府建设,根据宪法,制定本法。

2. 什么情形下可以申请行政复议?

根据《行政复议法》第二条的规定,公

民、法人或者其他组织认为行政机关的行政行为侵犯其合法权益，向行政复议机关提出行政复议申请，行政复议机关办理行政复议案件，适用本法。这里的行政行为，包括法律、法规、规章授权的组织的行政行为。

3. 行政复议工作应当遵循哪些原则？

《行政复议法》第三条规定，行政复议工作坚持中国共产党的领导。行政复议机关履行行政复议职责，应当遵循合法、公正、公开、高效、便民、为民的原则，坚持有错必纠，保障法律、法规的正确实施。

4. 什么是行政复议机关？其职责是什么？

根据《行政复议法》第四条第一款、第三款的规定，县级以上各级人民政府以及其他依照本法履行行政复议职责的行政机关是行政复议机关。行政复议机关应当加强行政复议工作，支持和保障行政复议机构依法履行职责。

5. 什么是行政复议机构？其职责是什么？

根据《行政复议法》第四条第二款、第三款、第四款的规定，行政复议机关办理行政复议事项的机构是行政复议机构。行政复议机构同时组织办理行政复议机关的行政应诉事项。上级行政复议机构对下级行政复议机构的行政复议工作进行指导、监督。国务院行政复议机构可以发布行政复议指导性案例。

6. 行政复议案件可以调解吗？调解应当遵循哪些原则？

《行政复议法》第五条规定，行政复议机关办理行政复议案件，可以进行调解。调解应当遵循合法、自愿的原则，不得损害国家利益、社会公共利益和他人合法权益，不得违反法律、法规的强制性规定。

7. 如何做好行政复议人员队伍建设？

《行政复议法》第六条规定，国家建立专业化、职业化行政复议人员队伍。行政复议机构中初次从事行政复议工作的人员，应当通过国家统一法律职业资格考试取得法律职业资格，并参加统一职前培训。国务院行政复议机构应当会同有关部门制定行政复议人员工作规范，加强对行政复议人员的业务考核和管理。

第七条规定，行政复议机关应当确保行政复议机构的人员配备与所承担的工作任务相适应，提高行政复议人员专业素质，根据工作需要保障办案场所、装备等设施。县级以上各级人民政府应当将行政复议工作经费列入本级预算。

8. 行政复议机关如何加强信息化建设？

《行政复议法》第八条规定，行政复议机关应当加强信息化建设，运用现代信息技术，方便公民、法人或者其他组织申请、参加行政复议，提高工作质量和效率。

9. 在行政复议工作中，对哪些主体应当给予表彰和奖励？

《行政复议法》第九条规定，对在行政复议工作中做出显著成绩的单位和个人，按照国家有关规定给予表彰和奖励。

10. 对行政复议决定不服的，可以提起行政诉讼吗？

《行政复议法》第十条规定，公民、法人或者其他组织对行政复议决定不服的，可以依照《行政诉讼法》的规定向人民法院提起行政诉讼，但是法律规定行政复议决定为最终裁决的除外。

第二章　行政复议申请

11. 哪些情形下，公民、法人或者其他组织可以申请行政复议？

《行政复议法》第十一条规定，有下列情形之一的，公民、法人或者其他组织可以依照本法申请行政复议：

（1）对行政机关作出的行政处罚决定不服；

（2）对行政机关作出的行政强制措施、行政强制执行决定不服；

（3）申请行政许可，行政机关拒绝或者在法定期限内不予答复，或者对行政机关作出的有关行政许可的其他决定不服；

（4）对行政机关作出的确认自然资源的所有权或者使用权的决定不服；

（5）对行政机关作出的征收征用决定及其补偿决定不服；

（6）对行政机关作出的赔偿决定或者不予赔偿决定不服；

（7）对行政机关作出的不予受理工伤认定申请的决定或者工伤认定结论不服；

（8）认为行政机关侵犯其经营自主权或者农村土地承包经营权、农村土地经营权；

（9）认为行政机关滥用行政权力排除或者限制竞争；

（10）认为行政机关违法集资、摊派费用或者违法要求履行其他义务；

（11）申请行政机关履行保护人身权利、财产权利、受教育权利等合法权益的法定职责，行政机关拒绝履行、未依法履行或者不予答复；

（12）申请行政机关依法给付抚恤金、社会保险待遇或者最低生活保障等社会保障，行政机关没有依法给付；

（13）认为行政机关不依法订立、不依法履行、未按照约定履行或者违法变更、解除政府特许经营协议、土地房屋征收补偿协议等行政协议；

（14）认为行政机关在政府信息公开工作中侵犯其合法权益；

（15）认为行政机关的其他行政行为侵犯其合法权益。

12. 哪些事项不属于行政复议范围？

《行政复议法》第十二条规定，下列事项不属于行政复议范围：

（1）国防、外交等国家行为；

（2）行政法规、规章或者行政机关制定、发布的具有普遍约束力的决定、命令等规范性文件；

（3）行政机关对行政机关工作人员的奖惩、任免等决定；

（4）行政机关对民事纠纷作出的调解。

13. 公民、法人或者其他组织认为行政机关的行政行为所依据的规范性文件不合法的，可以申请合法性审查吗？

《行政复议法》第十三条规定，公民、法人或者其他组织认为行政机关的行政行为所依据的下列规范性文件不合法，在对行政行为申请行政复议时，可以一并向行政复议机关提出对该规范性文件的附带审查申请：

（1）国务院部门的规范性文件；

（2）县级以上地方各级人民政府及其工作部门的规范性文件；

（3）乡、镇人民政府的规范性文件；

（4）法律、法规、规章授权的组织的规范性文件。

前述所列规范性文件不含规章。规章的审查依照法律、行政法规办理。

14. 哪些主体有权申请行政复议?

《行政复议法》第十四条规定,依照本法申请行政复议的公民、法人或者其他组织是申请人。

有权申请行政复议的公民死亡的,其近亲属可以申请行政复议。有权申请行政复议的法人或者其他组织终止的,其权利义务承受人可以申请行政复议。

有权申请行政复议的公民为无民事行为能力人或者限制民事行为能力人的,其法定代理人可以代为申请行政复议。

15. 什么情形下,申请人可以推选代表人参加行政复议?

《行政复议法》第十五条规定,同一行政复议案件申请人人数众多的,可以由申请人推选代表人参加行政复议。代表人参加行政复议的行为对其所代表的申请人发生效力,但是代表人变更行政复议请求、撤回行政复议申请、承认第三人请求的,应当经被代表的申请人同意。

16. 什么情形下,第三人可以参加行政复议?

《行政复议法》第十六条规定,申请人以外的同被申请行政复议的行政行为或者行政复议案件处理结果有利害关系的公民、法人或者其他组织,可以作为第三人申请参加行政复议,或者由行政复议机构通知其作为第三人参加行政复议。第三人不参加行政复议,不影响行政复议案件的审理。

17. 申请人、第三人可以委托代理人参加行政复议吗?

《行政复议法》第十七条规定,申请人、第三人可以委托一至二名律师、基层法律服务工作者或者其他代理人代为参加行政复议。申请人、第三人委托代理人的,应当向行政复议机构提交授权委托书、委托人及被委托人的身份证明文件。授权委托书应当载明委托事项、权限和期限。申请人、第三人变更或者解除代理人权限的，应当书面告知行政复议机构。

18. 什么情形下，行政复议申请人可以申请法律援助？

《行政复议法》第十八条规定，符合法律援助条件的行政复议申请人申请法律援助的，法律援助机构应当依法为其提供法律援助。

《法律援助法》第三十一条规定，下列事项的当事人，因经济困难没有委托代理人的，可以向法律援助机构申请法律援助：

（1）依法请求国家赔偿；

（2）请求给予社会保险待遇或者社会救助；

（3）请求发给抚恤金；

（4）请求给付赡养费、抚养费、扶养费；

（5）请求确认劳动关系或者支付劳动

报酬；

（6）请求认定公民无民事行为能力或者限制民事行为能力；

（7）请求工伤事故、交通事故、食品药品安全事故、医疗事故人身损害赔偿；

（8）请求环境污染、生态破坏损害赔偿；

（9）法律、法规、规章规定的其他情形。

《法律援助法》第三十二条规定，有下列情形之一，当事人申请法律援助的，不受经济困难条件的限制：

（1）英雄烈士近亲属为维护英雄烈士的人格权益；

（2）因见义勇为行为主张相关民事权益；

（3）再审改判无罪请求国家赔偿；

（4）遭受虐待、遗弃或者家庭暴力的受害人主张相关权益；

（5）法律、法规、规章规定的其他情形。

19. 法律援助机构可以提供哪些形式的法律援助？

《法律援助法》第二十二条规定，法律援助机构可以组织法律援助人员依法提供下列形式的法律援助服务：

（1）法律咨询；

（2）代拟法律文书；

（3）刑事辩护与代理；

（4）民事案件、行政案件、国家赔偿案件的诉讼代理及非诉讼代理；

（5）值班律师法律帮助；

（6）劳动争议调解与仲裁代理；

（7）法律、法规、规章规定的其他形式。

20. 行政复议案件中，谁是被申请人？

《行政复议法》第十九条规定，公民、法人或者其他组织对行政行为不服申请行政复议的，作出行政行为的行政机关或者法律、法规、规章授权的组织是被申请人。两个以上行政机关以共同的名义作出同一行政行为的，共同作出行政行为的行政机关是被申请人。行政机关委托的组织作出行政行为的，委托的行政机关是被申请人。作出行政行为的行政机关被撤销或者职权变更的，继续行使其职权的行政机关是被申请人。

21. 申请行政复议的期限是多久？

《行政复议法》第二十条规定，公民、法人或者其他组织认为行政行为侵犯其合法权益的，可以自知道或者应当知道该行政行为之日起六十日内提出行政复议申请；但是法律规定的申请期限超过六十日的除外。

因不可抗力或者其他正当理由耽误法定申请期限的，申请期限自障碍消除之日起继续计算。

行政机关作出行政行为时，未告知公民、法人或者其他组织申请行政复议的权利、行政复议机关和申请期限的，申请期限自公民、法人或者其他组织知道或者应当知道申请行政复议的权利、行政复议机关和申请期限之日起计算，但是自知道或者应当知道行政行为内容之日起最长不得超过一年。

第二十一条规定，因不动产提出的行政复议申请自行政行为作出之日起超过二十年，其他行政复议申请自行政行为作出之日起超过五年的，行政复议机关不予受理。

22. 申请行政复议应当书面申请还是口头申请？

《行政复议法》第二十二条规定，申请人申请行政复议，可以书面申请；书面申请有困难的，也可以口头申请。

书面申请的，可以通过邮寄或者行政复议机关指定的互联网渠道等方式提交行政复议申请书，也可以当面提交行政复议申请书。行政机关通过互联网渠道送达行政行为决定书的，应当同时提供提交行政复议申请书的互联网渠道。

口头申请的,行政复议机关应当当场记录申请人的基本情况、行政复议请求、申请行政复议的主要事实、理由和时间。

申请人对两个以上行政行为不服的,应当分别申请行政复议。

23. 什么情形下,申请人应当先申请行政复议,对复议决定不服的,再提起行政诉讼?

《行政复议法》第二十三条规定,有下列情形之一的,申请人应当先向行政复议机关申请行政复议,对行政复议决定不服的,可以再依法向人民法院提起行政诉讼:

(1)对当场作出的行政处罚决定不服;

(2)对行政机关作出的侵犯其已经依法取得的自然资源的所有权或者使用权的决定不服;

(3)认为行政机关存在本法第十一条规定

的未履行法定职责情形；

（4）申请政府信息公开，行政机关不予公开；

（5）法律、行政法规规定应当先向行政复议机关申请行政复议的其他情形。

对前述规定的情形，行政机关在作出行政行为时应当告知公民、法人或者其他组织先向行政复议机关申请行政复议。

24. 县级以上地方各级人民政府管辖哪些行政复议案件？

《行政复议法》第二十四条规定，县级以上地方各级人民政府管辖下列行政复议案件：

（1）对本级人民政府工作部门作出的行政行为不服的；

（2）对下一级人民政府作出的行政行为不服的；

（3）对本级人民政府依法设立的派出机关作出的行政行为不服的；

（4）对本级人民政府或者其工作部门管理的法律、法规、规章授权的组织作出的行政行为不服的。

除前述规定外，省、自治区、直辖市人民政府同时管辖对本机关作出的行政行为不服的行政复议案件。

省、自治区人民政府依法设立的派出机关参照设区的市级人民政府的职责权限，管辖相关行政复议案件。

对县级以上地方各级人民政府工作部门依法设立的派出机构依照法律、法规、规章规定，以派出机构的名义作出的行政行为不服的行政复议案件，由本级人民政府管辖；其中，对直辖市、设区的市人民政府工作部门按照行政区划设立的派出机构作出的行政行为不服的，也可以由其所在地的人民政府管辖。

25. 国务院部门管辖哪些行政复议案件？

《行政复议法》第二十五条规定，国务院

部门管辖下列行政复议案件：

（1）对本部门作出的行政行为不服的；

（2）对本部门依法设立的派出机构依照法律、行政法规、部门规章规定，以派出机构的名义作出的行政行为不服的；

（3）对本部门管理的法律、行政法规、部门规章授权的组织作出的行政行为不服的。

26. 对省、自治区、直辖市政府，国务院部门作出的行政复议决定不服的，如何救济？

《行政复议法》第二十六条规定，对省、自治区、直辖市人民政府依照本法第二十四条第二款的规定、国务院部门依照本法第二十五条第一项的规定作出的行政复议决定不服的，可以向人民法院提起行政诉讼；也可以向国务院申请裁决，国务院依照本法的规定作出最终裁决。

27. 对实行垂直领导的行政机关、税务和国家安全机关的行政行为不服的,向什么部门申请行政复议?

《行政复议法》第二十七条规定,对海关、金融、外汇管理等实行垂直领导的行政机关、税务和国家安全机关的行政行为不服的,向上一级主管部门申请行政复议。

28. 对履行行政复议机构职责的司法行政部门的行政行为不服的,向什么部门申请行政复议?

《行政复议法》第二十八条规定,对履行行政复议机构职责的地方人民政府司法行政部门的行政行为不服的,可以向本级人民政府申请行政复议,也可以向上一级司法行政部门申请行政复议。

29. 在行政复议期间可以提起行政诉讼吗？

《行政复议法》第二十九条规定，公民、法人或者其他组织申请行政复议，行政复议机关已经依法受理的，在行政复议期间不得向人民法院提起行政诉讼。

公民、法人或者其他组织向人民法院提起行政诉讼，人民法院已经依法受理的，不得申请行政复议。

第三章　行政复议受理

30. 行政复议申请符合哪些条件的，复议机关应当受理？

《行政复议法》第三十条第一款规定，行政复议机关收到行政复议申请后，应当在五日内进行审查。对符合下列规定的，行政复议机关应当予以受理：

（1）有明确的申请人和符合本法规定的被申请人；

（2）申请人与被申请行政复议的行政行为有利害关系；

（3）有具体的行政复议请求和理由；

（4）在法定申请期限内提出；

（5）属于本法规定的行政复议范围；

（6）属于本机关的管辖范围；

（7）行政复议机关未受理过该申请人就同一行政行为提出的行政复议申请，并且人民法院未受理过该申请人就同一行政行为提起的行政诉讼。

31. 不符合行政复议受理条件的，复议机关应当如何处理？

《行政复议法》第三十条第二款规定，对不符合第三十条第一款规定的行政复议申请，行政复议机关应当在审查期限内决定不予受理并说明理由；不属于本机关管辖的，还应当在不予受理决定中告知申请人有管辖权的行政复议机关。

32. 行政复议申请的审查期限届满，复议机关未作出不予受理决定的，可以视为受理吗？

《行政复议法》第三十条第三款规定，行政复议申请的审查期限届满，行政复议机关未作出不予受理决定的，审查期限届满之日起视为受理。

33. 行政复议申请材料不齐全或者表述不清楚的，如何处理？

《行政复议法》第三十一条规定，行政复议申请材料不齐全或者表述不清楚，无法判断行政复议申请是否符合本法第三十条第一款规定的，行政复议机关应当自收到申请之日起五日内书面通知申请人补正。补正通知应当一次性载明需要补正的事项。

申请人应当自收到补正通知之日起十日内提交补正材料。有正当理由不能按期补正的，行政复议机关可以延长合理的补正期限。无正当理由逾期不补正的，视为申请人放弃行政复议申请，并记录在案。

行政复议机关收到补正材料后，依照本法第三十条的规定处理。

34. 对当场作出的行政处罚决定不服，如何申请行政复议？行政机关如何处理？

《行政复议法》第三十二条规定，对当场作出或者依据电子技术监控设备记录的违法事实作出的行政处罚决定不服申请行政复议的，可以通过作出行政处罚决定的行政机关提交行政复议申请。行政机关收到行政复议申请后，应当及时处理；认为需要维持行政处罚决定的，应当自收到行政复议申请之日起五日内转送行政复议机关。

35. 行政复议机关受理行政复议申请后，发现不符合受理范围的，如何处理？

《行政复议法》第三十三条规定，行政复议机关受理行政复议申请后，发现该行政复议申请不符合本法第三十条第一款规定的，应当决定驳回申请并说明理由。

36. 法律规定复议前置的事项，行政复议机关不予受理、驳回申请或者受理后超期不答复的，可以起诉吗？

《行政复议法》第三十四条规定，法律、行政法规规定应当先向行政复议机关申请行政复议、对行政复议决定不服再向人民法院提起行政诉讼的，行政复议机关决定不予受理、驳回申请或者受理后超过行政复议期限不作答复的，公民、法人或者其他组织可以自收到决定书之日起或者行政复议期限届满之日起十五日内，依法向人民法院提起行政诉讼。

37. 行政复议机关对复议申请不予受理、驳回申请或者受理后超期不答复的，上级行政机关可以采取什么措施？

《行政复议法》第三十五条规定，公民、法人或者其他组织依法提出行政复议申请，行政复议机关无正当理由不予受理、驳回申请或者受理后超过行政复议期限不作答复的,申请人有权向上级行政机关反映,上级行政机关应当责令其纠正;必要时,上级行政复议机关可以直接受理。

第四章　行政复议审理

38. 受理行政复议申请后,适用什么程序审理?有保密要求吗?

《行政复议法》第三十六条规定,行政复议机关受理行政复议申请后,依照本法适用普通程序或者简易程序进行审理。行政复议机构应当指定行政复议人员负责办理行政复议案件。行政复议人员对办理行政复议案件过程中知悉的国家秘密、商业秘密和个人隐私,应当予以保密。

39. 审理行政复议案件的依据包括哪些?

《行政复议法》第三十七条规定,行政复议机关依照法律、法规、规章审理行政复议案件。行政复议机关审理民族自治地方的行政复议案件，同时依照该民族自治地方的自治条例和单行条例。

40. 上级行政复议机关可以审理下级行政复议机关管辖的行政复议案件吗？

《行政复议法》第三十八条规定，上级行政复议机关根据需要，可以审理下级行政复议机关管辖的行政复议案件。下级行政复议机关对其管辖的行政复议案件，认为需要由上级行政复议机关审理的，可以报请上级行政复议机关决定。

41. 什么情形下，行政复议中止？

《行政复议法》第三十九条规定，行政复议期间有下列情形之一的，行政复议中止：

（1）作为申请人的公民死亡，其近亲属尚未确定是否参加行政复议；

（2）作为申请人的公民丧失参加行政复议的行为能力，尚未确定法定代理人参加行政复议；

（3）作为申请人的公民下落不明；

（4）作为申请人的法人或者其他组织终止，尚未确定权利义务承受人；

（5）申请人、被申请人因不可抗力或者其他正当理由，不能参加行政复议；

（6）依照本法规定进行调解、和解，申请人和被申请人同意中止；

（7）行政复议案件涉及的法律适用问题需要有权机关作出解释或者确认；

（8）行政复议案件审理需要以其他案件的审理结果为依据，而其他案件尚未审结；

（9）有本法第五十六条或者第五十七条规定的情形；

（10）需要中止行政复议的其他情形。

行政复议中止的原因消除后，应当及时恢复行政复议案件的审理。

行政复议机关中止、恢复行政复议案件的审理，应当书面告知当事人。

42. 行政复议机关无正当理由中止行政复议的，上级行政机关可以采取什么措施？

《行政复议法》第四十条规定，行政复议期间，行政复议机关无正当理由中止行政复议的，上级行政机关应当责令其恢复审理。

43. 什么情形下，终止行政复议？

《行政复议法》第四十一条规定，行政复议期间有下列情形之一的，行政复议机关决定终止行政复议：

（1）申请人撤回行政复议申请，行政复议机构准予撤回；

（2）作为申请人的公民死亡，没有近亲属或者其近亲属放弃行政复议权利；

（3）作为申请人的法人或者其他组织终止，没有权利义务承受人或者其权利义务承受人放弃行政复议权利；

（4）申请人对行政拘留或者限制人身自由

的行政强制措施不服申请行政复议后,因同一违法行为涉嫌犯罪,被采取刑事强制措施;

(5)依照本法第三十九条第一款第一项、第二项、第四项的规定中止行政复议满六十日,行政复议中止的原因仍未消除。

44. 行政复议期间行政行为停止执行吗?

《行政复议法》第四十二条规定,行政复议期间行政行为不停止执行;但是有下列情形之一的,应当停止执行:

(1)被申请人认为需要停止执行;

(2)行政复议机关认为需要停止执行;

(3)申请人、第三人申请停止执行,行政复议机关认为其要求合理,决定停止执行;

(4)法律、法规、规章规定停止执行的其他情形。

45. 行政复议证据包括哪些种类?

《行政复议法》第四十三条规定,行政复

议证据包括：（1）书证；（2）物证；（3）视听资料；（4）电子数据；（5）证人证言；（6）当事人的陈述；（7）鉴定意见；（8）勘验笔录、现场笔录。

以上证据经行政复议机构审查属实，才能作为认定行政复议案件事实的根据。

46. 行政复议中，被申请人应对什么事项负有举证责任？

《行政复议法》第四十四条第一款规定，被申请人对其作出的行政行为的合法性、适当性负有举证责任。

47. 行政复议中，什么情形下申请人应当举证？

《行政复议法》第四十四条第二款规定，有下列情形之一的，申请人应当提供证据：

（1）认为被申请人不履行法定职责的，提供曾经要求被申请人履行法定职责的证据，但

是被申请人应当依职权主动履行法定职责或者申请人因正当理由不能提供的除外;

(2)提出行政赔偿请求的,提供受行政行为侵害而造成损害的证据,但是因被申请人原因导致申请人无法举证的,由被申请人承担举证责任;

(3)法律、法规规定需要申请人提供证据的其他情形。

48. 行政复议机构有权调查取证吗?有哪些程序要求?

《行政复议法》第四十五条规定,行政复议机关有权向有关单位和个人调查取证,查阅、复制、调取有关文件和资料,向有关人员进行询问。调查取证时,行政复议人员不得少于两人,并应当出示行政复议工作证件。被调查取证的单位和个人应当积极配合行政复议人员的工作,不得拒绝或者阻挠。

49. 行政复议期间，被申请人可以自行收集证据吗？

《行政复议法》第四十六条规定，行政复议期间，被申请人不得自行向申请人和其他有关单位或者个人收集证据；自行收集的证据不作为认定行政行为合法性、适当性的依据。行政复议期间，申请人或者第三人提出被申请行政复议的行政行为作出时没有提出的理由或者证据的，经行政复议机构同意，被申请人可以补充证据。

50. 申请人、第三人可以查阅、复制被申请人提出的书面答复、作出行政行为的证据、依据等材料吗？

《行政复议法》第四十七条规定，行政复议期间，申请人、第三人及其委托代理人可以按照规定查阅、复制被申请人提出的书面答复、作出行政行为的证据、依据和其他有关材料，除涉及国家秘密、商业秘密、个人隐私或者可能危及国家安全、公共安全、社会稳定的情形外，行政复议机构应当同意。

51. 行政复议机构应当在什么期限内将行政复议申请书副本发送被申请人？被申请人应当在什么期限内答复？

《行政复议法》第四十八条规定，行政复议机构应当自行政复议申请受理之日起七日内，将行政复议申请书副本或者行政复议申请笔录复印件发送被申请人。被申请人应当自收到行政复议申请书副本或者行政复议申请笔录复印件之日起十日内，提出书面答复，并提交作出行政行为的证据、依据和其他有关材料。

52. 适用普通程序审理行政复议案件的，应当如何听取当事人意见？

《行政复议法》第四十九条规定，适用普通程序审理的行政复议案件，行政复议机构应当当面或者通过互联网、电话等方式听取当事人的意见,并将听取的意见记录在案。因当事人原因不能听取意见的,可以书面审理。

53. 什么情形下,行政复议机构应当组织听证?

《行政复议法》第五十条第一款、第二款规定,审理重大、疑难、复杂的行政复议案件,行政复议机构应当组织听证。行政复议机构认为有必要听证,或者申请人请求听证的,行政复议机构可以组织听证。

54. 听证有哪些程序要求?

《行政复议法》第五十条第三款规定,听证由一名行政复议人员任主持人,两名以上行政复议人员任听证员,一名记录员制作听证笔录。

第五十一条规定,行政复议机构组织听证的,应当于举行听证的五日前将听证的时间、地点和拟听证事项书面通知当事人。申请人无正当理由拒不参加听证的,视为放弃听证权利。被申请人的负责人应当参加听证。不能参加的,应当说明理由并委托相应的工作人员参加听证。

55. 什么情形下,应当提请行政复议委员会提出咨询意见?

《行政复议法》第五十二条规定,县级以上各级人民政府应当建立相关政府部门、专家、学者等参与的行政复议委员会,为办理行政复议案件提供咨询意见,并就行政复议工作中的重大事项和共性问题研究提出意见。行政复议委员会的组成和开展工作的具体办法,由国务院行政复议机构制定。

审理行政复议案件涉及下列情形之一的,行政复议机构应当提请行政复议委员会提出咨询意见:(1)案情重大、疑难、复杂;(2)专业性、技术性较强;(3)本法第二十四条第二款规定的行政复议案件；（4）行政复议机构认为有必要。行政复议机构应当记录行政复议委员会的咨询意见。

56. 什么情形下，可以适用简易程序审理行政复议案件？

《行政复议法》第五十三条规定，行政复议机关审理下列行政复议案件，认为事实清楚、权利义务关系明确、争议不大的，可以适用简易程序：

（1）被申请行政复议的行政行为是当场作出；

（2）被申请行政复议的行政行为是警告或者通报批评；

（3）案件涉及款额三千元以下；

（4）属于政府信息公开案件。

除前述规定以外的行政复议案件，当事人各方同意适用简易程序的，可以适用简易程序。

57. 适用简易程序审理行政复议案件有哪些程序要求？

《行政复议法》第五十四条规定，适用简易程序审理的行政复议案件，行政复议机构应当自受理行政复议申请之日起三日内，将行政复议申请书副本或者行政复议申请笔录复印件发送被申请人。被申请人应当自收到行政复议申请书副本或者行政复议申请笔录复印件之日起五日内，提出书面答复，并提交作出行政行为的证据、依据和其他有关材料。适用简易程序审理的行政复议案件，可以书面审理。

58. 在审理过程中，简易程序可以转为普通程序吗？

《行政复议法》第五十五条规定，适用简易程序审理的行政复议案件，行政复议机构认为不宜适用简易程序的，经行政复议机构的负责人批准，可以转为普通程序审理。

59. 申请人提出规范性文件合法性审查申请的，行政复议机关应当在什么期限内处理？

《行政复议法》第五十六条规定，申请人依照本法第十三条的规定提出对有关规范性文件的附带审查申请，行政复议机关有权处理的，应当在三十日内依法处理；无权处理的，应当在七日内转送有权处理的行政机关依法处理。

60. 行政复议机关在对行政行为进行审查时，认为其依据不合法的，如何处理？

《行政复议法》第五十七条规定，行政复议机关在对被申请人作出的行政行为进行审查时，认为其依据不合法，本机关有权处理的，应当在三十日内依法处理；无权处理的，应当在七日内转送有权处理的国家机关依法处理。

61. 在什么情形下，行政复议机构应当要求规范性文件或者依据的制定机关答复？

《行政复议法》第五十八条规定，行政复议机关依照本法第五十六条、第五十七条的规定有权处理有关规范性文件或者依据的，行政复议机构应当自行政复议中止之日起三日内，书面通知规范性文件或者依据的制定机关就相关条款的合法性提出书面答复。制定机关应当自收到书面通知之日起十日内提交书面答复及相关材料。行政复议机构认为必要时，可以要求规范性文件或者依据的制定机关当面说明理由，制定机关应当配合。

62. 行政复议机关有权处理有关规范性文件或者依据，认为相关条款合法或违法的，如何分别处理？

《行政复议法》第五十九条规定，行政复议机关依照本法第五十六条、第五十七条的规定有权处理有关规范性文件或者依据，认为相关条款合法的，在行政复议决定书中一并告知；认为相关条款超越权限或者违反上位法的，决定停止该条款的执行，并责令制定机关予以纠正。

63. 行政复议机关无权处理有关规范性文件或者依据，转送其他机关的，接受转送的机关应当在什么期限内回复处理意见？

《行政复议法》第六十条规定，依照本法第五十六条、第五十七条的规定接受转送的行政机关、国家机关应当自收到转送之日起六十日内，将处理意见回复转送的行政复议机关。

第五章　行政复议决定

64. 行政复议机关审理行政复议案件，如何作出行政复议决定？

《行政复议法》第六十一条规定，行政复议机关依照本法审理行政复议案件，由行政复议机构对行政行为进行审查，提出意见，经行政复议机关的负责人同意或者集体讨论通过后，以行政复议机关的名义作出行政复议决定。

经过听证的行政复议案件，行政复议机关应当根据听证笔录、审查认定的事实和证据，依照本法作出行政复议决定。

提请行政复议委员会提出咨询意见的行政复议案件，行政复议机关应当将咨询意见作为作出行政复议决定的重要参考依据。

65. 行政复议案件的审理期限是多久？

《行政复议法》第六十二条规定，适用普通程序审理的行政复议案件，行政复议机关应当自受理申请之日起六十日内作出行政复议决定；但是法律规定的行政复议期限少于六十日的除外。情况复杂，不能在规定期限内作出行政复议决定的，经行政复议机构的负责人批准，可以适当延长，并书面告知当事人；但是延长期限最多不得超过三十日。

适用简易程序审理的行政复议案件，行政复议机关应当自受理申请之日起三十日内作出行政复议决定。

66. 什么情形下，行政复议机关决定变更行政行为？

《行政复议法》第六十三条规定，行政行为有下列情形之一的，行政复议机关决定变更该行政行为：

（1）事实清楚，证据确凿，适用依据正确，程序合法，但是内容不适当；

（2）事实清楚，证据确凿，程序合法，但是未正确适用依据；

（3）事实不清、证据不足，经行政复议机关查清事实和证据。

行政复议机关不得作出对申请人更为不利的变更决定，但是第三人提出相反请求的除外。

67. 什么情形下，行政复议机关决定撤销或者部分撤销行政行为，并可以责令重新作出行政行为？

《行政复议法》第六十四条规定，行政行为有下列情形之一的，行政复议机关决定撤销或者部分撤销该行政行为，并可以责令被申请人在一定期限内重新作出行政行为：（1）主要事实不清、证据不足；（2）违反法定程序；（3）适用的依据不合法；（4）超越职权或者滥用职权。

行政复议机关责令被申请人重新作出行政行为的，被申请人不得以同一事实和理由作出与被申请行政复议的行政行为相同或者基本相同的行政行为，但是行政复议机关以违反法定程序为由决定撤销或者部分撤销的除外。

68. 什么情形下，行政复议机关确认行政行为违法？

《行政复议法》第六十五条规定，行政行为有下列情形之一的，行政复议机关不撤销该行政行为，但是确认该行政行为违法：

（1）依法应予撤销，但是撤销会给国家利益、社会公共利益造成重大损害；

（2）程序轻微违法，但是对申请人权利不产生实际影响。

行政行为有下列情形之一，不需要撤销或者责令履行的，行政复议机关确认该行政行为违法：

（1）行政行为违法，但是不具有可撤销内容；

（2）被申请人改变原违法行政行为，申请人仍要求撤销或者确认该行政行为违法；

（3）被申请人不履行或者拖延履行法定职责，责令履行没有意义。

69. 什么情形下，行政复议机关决定被申请人限期履行法定职责？

《行政复议法》第六十六条规定，被申请人不履行法定职责的，行政复议机关决定被申请人在一定期限内履行。

70. 什么情形下，行政复议机关确认行政行为无效？

《行政复议法》第六十七条规定，行政行为有实施主体不具有行政主体资格或者没有依据等重大且明显违法情形，申请人申请确认行政行为无效的，行政复议机关确认该行政行为无效。

71. 什么情形下，行政复议机关决定维持行政行为？

《行政复议法》第六十八条规定，行政行为认定事实清楚，证据确凿，适用依据正确，程序合法，内容适当的，行政复议机关决定维持该行政行为。

72. 什么情形下，行政复议机关决定驳回申请人的行政复议请求？

《行政复议法》第六十九条规定，行政复议机关受理申请人认为被申请人不履行法定职责的行政复议申请后，发现被申请人没有相应法定职责或者在受理前已经履行法定职责的，决定驳回申请人的行政复议请求。

73. 被申请人不按照规定提出书面答复，提交证据、依据的，如何处理？

《行政复议法》第七十条规定，被申请人

不按照本法第四十八条、第五十四条的规定提出书面答复、提交作出行政行为的证据、依据和其他有关材料的,视为该行政行为没有证据、依据,行政复议机关决定撤销、部分撤销该行政行为,确认该行政行为违法、无效或者决定被申请人在一定期限内履行,但是行政行为涉及第三人合法权益,第三人提供证据的除外。

74. 被申请人不依法订立、不依法履行、未按照约定履行或者违法变更、解除行政协议的,应当承担什么责任?

《行政复议法》第七十一条规定,被申请人不依法订立、不依法履行、未按照约定履行或者违法变更、解除行政协议的,行政复议机关决定被申请人承担依法订立、继续履行、采取补救措施或者赔偿损失等责任。

被申请人变更、解除行政协议合法,但是未依法给予补偿或者补偿不合理的,行政复议机关决定被申请人依法给予合理补偿。

75. 申请人在申请行政复议时一并提出行政赔偿请求的，如何处理？

《行政复议法》第七十二条第一款规定，申请人在申请行政复议时一并提出行政赔偿请求，行政复议机关对依照《国家赔偿法》的有关规定应当不予赔偿的，在作出行政复议决定时，应当同时决定驳回行政赔偿请求；对符合《国家赔偿法》的有关规定应当给予赔偿的，在决定撤销或者部分撤销、变更行政行为或者确认行政行为违法、无效时，应当同时决定被申请人依法给予赔偿；确认行政行为违法的，还可以同时责令被申请人采取补救措施。

76. 申请人没有提出行政赔偿请求的，行政复议机关可以责令被申请人返还财产，解除查封、扣押、冻结，或者赔偿吗？

《行政复议法》第七十二条第二款规定，申请人在申请行政复议时没有提出行政赔偿请求的，行政复议机关在依法决定撤销或者部分撤销、变更罚款，撤销或者部分撤销违法集资、没收财物、征收征用、摊派费用以及对财产的查封、扣押、冻结等行政行为时，应当同时责令被申请人返还财产，解除对财产的查封、扣押、冻结措施，或者赔偿相应的价款。

77. 如何制作行政复议调解书？

《行政复议法》第七十三条第一款规定，当事人经调解达成协议的，行政复议机关应当制作行政复议调解书，经各方当事人签字或者签章，并加盖行政复议机关印章，即具有法律效力。

78. 调解未达成协议或者调解书生效前一方反悔的，如何处理？

《行政复议法》第七十三条第二款规定，调解未达成协议或者调解书生效前一方反悔的，行政复议机关应当依法审查或者及时作出行政复议决定。

79. 如何达成和解？和解内容有什么要求？

《行政复议法》第七十四条第一款规定，当事人在行政复议决定作出前可以自愿达成和解，和解内容不得损害国家利益、社会公共利益和他人合法权益，不得违反法律、法规的强制性规定。

80. 撤回行政复议申请、终止行政复议的，申请人能再次提出行政复议申请吗？

《行政复议法》第七十四条第二款规定，当事人达成和解后，由申请人向行政复议机构撤回行政复议申请。行政复议机构准予撤回行政复议申请、行政复议机关决定终止行政复议的，申请人不得再以同一事实和理由提出行政复议申请。但是，申请人能够证明撤回行政复议申请违背其真实意愿的除外。

81. 行政复议决定书何时发生法律效力？

《行政复议法》第七十五条规定，行政复议机关作出行政复议决定，应当制作行政复议决定书，并加盖行政复议机关印章。行政复议决定书一经送达，即发生法律效力。

82. 什么情形下，可以制发行政复议意见书？

《行政复议法》第七十六条规定，行政复议机关在办理行政复议案件过程中，发现被申请人或者其他下级行政机关的有关行政行为违法或者不当的，可以向其制发行政复议意见书。有关机关应当自收到行政复议意见书之日起六十日内，将纠正相关违法或者不当行政行为的情况报送行政复议机关。

83. 行政复议决定书、调解书、意见书有什么法律效力？

《行政复议法》第七十七条规定，被申请

人应当履行行政复议决定书、调解书、意见书。被申请人不履行或者无正当理由拖延履行行政复议决定书、调解书、意见书的,行政复议机关或者有关上级行政机关应当责令其限期履行,并可以约谈被申请人的有关负责人或者予以通报批评。

84. 申请人、第三人逾期不起诉又不履行行政复议决定书、调解书的,或者不履行最终裁决的行政复议决定的,如何处理?

《行政复议法》第七十八条规定,申请人、第三人逾期不起诉又不履行行政复议决定书、调解书的,或者不履行最终裁决的行政复议决定的,按照下列规定分别处理:

(1)维持行政行为的行政复议决定书,由作出行政行为的行政机关依法强制执行,或者申请人民法院强制执行;

(2)变更行政行为的行政复议决定书,由

行政复议机关依法强制执行，或者申请人民法院强制执行；

（3）行政复议调解书，由行政复议机关依法强制执行，或者申请人民法院强制执行。

85. 行政复议决定书可以向社会公开吗？

《行政复议法》第七十九条第一款规定，行政复议机关根据被申请行政复议的行政行为的公开情况，按照国家有关规定将行政复议决定书向社会公开。

86. 什么情形下，行政复议决定书、意见书应当抄告被申请人的上一级主管部门？

《行政复议法》第七十九条第二款规定，县级以上地方各级人民政府办理以本级人民政府工作部门为被申请人的行政复议案件，应当将发生法律效力的行政复议决定书、意见书同时抄告被申请人的上一级主管部门。

第六章　法律责任

87. 行政复议机关不依照本法规定履行行政复议职责，经督促仍不改正的，应当承担什么法律责任？

《行政复议法》第八十条规定，行政复议机关不依照本法规定履行行政复议职责，对负有责任的领导人员和直接责任人员依法给予警告、记过、记大过的处分；经有权监督的机关督促仍不改正或者造成严重后果的，依法给予降级、撤职、开除的处分。

88. 行政复议机关工作人员在行政复议活动中，徇私舞弊或者有其他渎职、失职行为的，应当承担什么法律责任？

《行政复议法》第八十一条规定，行政复

议机关工作人员在行政复议活动中，徇私舞弊或者有其他渎职、失职行为的，依法给予警告、记过、记大过的处分；情节严重的，依法给予降级、撤职、开除的处分；构成犯罪的，依法追究刑事责任。

89. 被申请人不提出书面答复，不提交证据、依据等材料，阻挠申请行政复议的，应当承担什么法律责任？

《行政复议法》第八十二条规定，被申请人违反本法规定，不提出书面答复或者不提交作出行政行为的证据、依据和其他有关材料，或者阻挠、变相阻挠公民、法人或者其他组织依法申请行政复议的，对负有责任的领导人员和直接责任人员依法给予警告、记过、记大过的处分；进行报复陷害的，依法给予降级、撤职、开除的处分；构成犯罪的，依法追究刑事责任。

90. 被申请人不履行或者无正当理由拖延履行行政复议决定书、调解书、意见书的，应当承担什么法律责任？

《行政复议法》第八十三条规定，被申请人不履行或者无正当理由拖延履行行政复议决定书、调解书、意见书的，对负有责任的领导人员和直接责任人员依法给予警告、记过、记大过的处分；经责令履行仍拒不履行的，依法给予降级、撤职、开除的处分。

91. 拒绝、阻挠行政复议人员调查取证的，应当承担什么法律责任？

《行政复议法》第八十四条规定，拒绝、阻挠行政复议人员调查取证，故意扰乱行政复议工作秩序的，依法给予处分、治安管理处罚；构成犯罪的，依法追究刑事责任。

92. 行政机关及其工作人员违反《行政复议法》，行政复议机关如何移送有关材料？

《行政复议法》第八十五条规定，行政机关及其工作人员违反本法规定的，行政复议机关可以向监察机关或者公职人员任免机关、单位移送有关人员违法的事实材料，接受移送的监察机关或者公职人员任免机关、单位应当依法处理。

93. 行政复议机关发现公职人员涉嫌职务违法或者职务犯罪的问题线索的，如何处理？

《行政复议法》第八十六条规定，行政复议机关在办理行政复议案件过程中，发现公职人员涉嫌贪污贿赂、失职渎职等职务违法或者职务犯罪的问题线索，应当依照有关规定移送监察机关，由监察机关依法调查处置。

第七章 附 则

94. 行政复议机关受理行政复议申请能收费吗？

《行政复议法》第八十七条规定，行政复议机关受理行政复议申请，不得向申请人收取任何费用。

95. 行政复议期间如何计算？

《行政复议法》第八十八条规定，行政复议期间的计算和行政复议文书的送达，本法没有规定的，依照《民事诉讼法》关于期间、送达的规定执行。本法关于行政复议期间有关"三日"、"五日"、"七日"、"十日"的规定是指工作日，不含法定休假日。

96. 外国人、无国籍人、外国组织适用《行政复议法》吗？

《行政复议法》第八十九条规定，外国人、无国籍人、外国组织在中华人民共和国境内申请行政复议，适用本法。

行政诉讼法

第一章 总 则

1. 什么情形下可以提起行政诉讼？

《行政诉讼法》第二条规定，公民、法人或者其他组织认为行政机关和行政机关工作人员的行政行为侵犯其合法权益，有权依照本法向人民法院提起诉讼。这里的行政行为，包括法律、法规、规章授权的组织作出的行政行为。

2. 被诉行政机关负责人有出庭应诉的义务吗？

《行政诉讼法》第三条第三款规定，被诉行政机关负责人应当出庭应诉。不能出庭的，应当委托行政机关相应的工作人员出庭。

第二章　受案范围

3. 对哪些行政行为可以提起行政诉讼？

根据《行政诉讼法》第十二条的规定，人民法院受理公民、法人或者其他组织提起的下列诉讼：

（1）对行政拘留、暂扣或者吊销许可证和执照、责令停产停业、没收违法所得、没收非法财物、罚款、警告等行政处罚不服的；

（2）对限制人身自由或者对财产的查封、扣押、冻结等行政强制措施和行政强制执行不服的；

（3）申请行政许可，行政机关拒绝或者在法定期限内不予答复，或者对行政机关作出的有关行政许可的其他决定不服的；

（4）对行政机关作出的关于确认土地、矿藏、水流、森林、山岭、草原、荒地、滩涂、海域等自然资源的所有权或者使用权的决定不服的；

（5）对征收、征用决定及其补偿决定不服的；

（6）申请行政机关履行保护人身权、财产权等合法权益的法定职责，行政机关拒绝履行或者不予答复的；

（7）认为行政机关侵犯其经营自主权或者农村土地承包经营权、农村土地经营权的；

（8）认为行政机关滥用行政权力排除或者限制竞争的；

（9）认为行政机关违法集资、摊派费用或者违法要求履行其他义务的；

（10）认为行政机关没有依法支付抚恤金、最低生活保障待遇或者社会保险待遇的；

（11）认为行政机关不依法履行、未按照约定履行或者违法变更、解除政府特许经营协议、土地房屋征收补偿协议等协议的；

（12）认为行政机关侵犯其他人身权、财产权等合法权益的。

除前述规定外，人民法院受理法律、法规规定可以提起诉讼的其他行政案件。

4. 对哪些事项不能提起行政诉讼？

根据《行政诉讼法》第十三条的规定，人民法院不受理公民、法人或者其他组织对下列事项提起的诉讼：

（1）国防、外交等国家行为；

（2）行政法规、规章或者行政机关制定、发布的具有普遍约束力的决定、命令；

（3）行政机关对行政机关工作人员的奖惩、任免等决定；

（4）法律规定由行政机关最终裁决的行政行为。

第三章 管　辖

5. 各级法院对行政案件的管辖范围如何划分？

《行政诉讼法》第十四条规定，基层人民法院管辖第一审行政案件。

第十五条规定，中级人民法院管辖下列第一审行政案件：（1）对国务院部门或者县级以上地方人民政府所作的行政行为提起诉讼的案件；（2）海关处理的案件；（3）本辖区内重大、复杂的案件；（4）其他法律规定由中级人民法院管辖的案件。

第十六条规定，高级人民法院管辖本辖区内重大、复杂的第一审行政案件。

第十七条规定，最高人民法院管辖全国范围内重大、复杂的第一审行政案件。

6. 行政案件的属地管辖如何确定？

《行政诉讼法》第十八条规定，行政案件由最初作出行政行为的行政机关所在地人民法院管辖。经复议的案件，也可以由复议机关所在地人民法院管辖。

经最高人民法院批准，高级人民法院可以根据审判工作的实际情况，确定若干人民法院跨行政区域管辖行政案件。

7. 对限制人身自由的行政强制措施不服提起的诉讼，由哪个法院管辖？

《行政诉讼法》第十九条规定，对限制人身自由的行政强制措施不服提起的诉讼，由被告所在地或者原告所在地人民法院管辖。

8. 因不动产提起的行政诉讼，由哪个法院管辖？

《行政诉讼法》第二十条规定，因不动产

提起的行政诉讼，由不动产所在地人民法院管辖。

9. 两个以上人民法院都有管辖权的案件，向哪个法院起诉？

《行政诉讼法》第二十一条规定，两个以上人民法院都有管辖权的案件，原告可以选择其中一个人民法院提起诉讼。原告向两个以上有管辖权的人民法院提起诉讼的，由最先立案的人民法院管辖。

10. 法院发现受理的案件不属于本院管辖的，如何处理？

《行政诉讼法》第二十二条规定，人民法院发现受理的案件不属于本院管辖的，应当移送有管辖权的人民法院，受移送的人民法院应当受理。受移送的人民法院认为受移送的案件按照规定不属于本院管辖的，应当报请上级人民法院指定管辖，不得再自行移送。

11. 有管辖权的人民法院由于特殊原因不能行使管辖权的，如何处理？

《行政诉讼法》第二十三条规定，有管辖权的人民法院由于特殊原因不能行使管辖权的，由上级人民法院指定管辖。

人民法院对管辖权发生争议，由争议双方协商解决。协商不成的，报它们的共同上级人民法院指定管辖。

12. 上级法院可以审理下级法院管辖的行政案件吗？

《行政诉讼法》第二十四条规定，上级人民法院有权审理下级人民法院管辖的第一审行政案件。

下级人民法院对其管辖的第一审行政案件，认为需要由上级人民法院审理或者指定管辖的，可以报请上级人民法院决定。

第四章　诉讼参加人

13. 哪些主体有权提起行政诉讼？

《行政诉讼法》第二十五条规定，行政行为的相对人以及其他与行政行为有利害关系的公民、法人或者其他组织，有权提起诉讼。

有权提起诉讼的公民死亡，其近亲属可以提起诉讼。

有权提起诉讼的法人或者其他组织终止，承受其权利的法人或者其他组织可以提起诉讼。

人民检察院在履行职责中发现生态环境和资源保护、食品药品安全、国有财产保护、国有土地使用权出让等领域负有监督管理职责的行政机关违法行使职权或者不作为，致使国家利益或者社会公共利益受到侵害的，应当向行政机关提出检察建议，督促其依法履行职责。行政机关不依法履行职责的，人民检察院依法向人民法院提起诉讼。

14. 行政诉讼中，谁是被告？

《行政诉讼法》第二十六条规定，公民、法人或者其他组织直接向人民法院提起诉讼的，作出行政行为的行政机关是被告。

经复议的案件，复议机关决定维持原行政行为的，作出原行政行为的行政机关和复议机关是共同被告；复议机关改变原行政行为的，复议机关是被告。

复议机关在法定期限内未作出复议决定，公民、法人或者其他组织起诉原行政行为的，作出原行政行为的行政机关是被告；起诉复议机关不作为的，复议机关是被告。

两个以上行政机关作出同一行政行为的，共同作出行政行为的行政机关是共同被告。

行政机关委托的组织所作的行政行为,委托的行政机关是被告。

行政机关被撤销或者职权变更的,继续行使其职权的行政机关是被告。

15. 什么情形属于共同诉讼?

《行政诉讼法》第二十七条规定,当事人一方或者双方为二人以上,因同一行政行为发生的行政案件,或者因同类行政行为发生的行政案件、人民法院认为可以合并审理并经当事人同意的,为共同诉讼。

16. 什么情形下,当事人可以推选代表人进行诉讼?

《行政诉讼法》第二十八条规定,当事人一方人数众多的共同诉讼,可以由当事人推选代表人进行诉讼。代表人的诉讼行为对其所代表的当事人发生效力,但代表人变更、放弃诉讼请求或者承认对方当事人的诉讼请求,应当经被代表的当事人同意。

17. 什么情形下,第三人可以参加诉讼?第三人有上诉权吗?

《行政诉讼法》第二十九条规定,公民、法人或者其他组织同被诉行政行为有利害关系但没有提起诉讼,或者同案件处理结果有利害关系的,可以作为第三人申请参加诉讼,或者由人民法院通知参加诉讼。

人民法院判决第三人承担义务或者减损第三人权益的,第三人有权依法提起上诉。

18. 没有诉讼行为能力的公民如何起诉?

《行政诉讼法》第三十条规定,没有诉讼行为能力的公民,由其法定代理人代为诉讼。法定代理人互相推诿代理责任的,由人民法院指定其中一人代为诉讼。

19. 哪些人可以被委托为诉讼代理人?

《行政诉讼法》第三十一条规定,当事人、法定代理人,可以委托一至二人作为诉讼代理人。下列人员可以被委托为诉讼代理人：（1）律师、基层法律服务工作者；（2）当事人的近亲属或者工作人员；（3）当事人所在社区、单位以及有关社会团体推荐的公民。

20. 诉讼代理人可以查阅、复制案件材料吗？

《行政诉讼法》第三十二条规定，代理诉讼的律师，有权按照规定查阅、复制本案有关材料，有权向有关组织和公民调查，收集与本案有关的证据。对涉及国家秘密、商业秘密和个人隐私的材料，应当依照法律规定保密。

当事人和其他诉讼代理人有权按照规定查阅、复制本案庭审材料，但涉及国家秘密、商业秘密和个人隐私的内容除外。

第五章 证 据

21. 行政诉讼中，证据有哪些种类？

《行政诉讼法》第三十三条规定，证据包括：(1) 书证；(2) 物证；(3) 视听资料；(4) 电子数据；(5) 证人证言；(6) 当事人的陈述；(7) 鉴定意见；(8) 勘验笔录、现场笔录。以上证据经法庭审查属实，才能作为认定案件事实的根据。

22. 行政诉讼中，谁负有举证责任？

《行政诉讼法》第三十四条规定，被告对作出的行政行为负有举证责任，应当提供作出该行政行为的证据和所依据的规范性文件。

被告不提供或者无正当理由逾期提供证

据，视为没有相应证据。但是，被诉行政行为涉及第三人合法权益，第三人提供证据的除外。

23. 在诉讼过程中，被告可以自行收集证据吗？

《行政诉讼法》第三十五条规定，在诉讼过程中，被告及其诉讼代理人不得自行向原告、第三人和证人收集证据。

24. 在什么情形下，被告可以延期提供证据或补充证据？

《行政诉讼法》第三十六条规定，被告在作出行政行为时已经收集了证据，但因不可抗力等正当事由不能提供的，经人民法院准许，可以延期提供。

原告或者第三人提出了其在行政处理程序中没有提出的理由或者证据的，经人民法院准许，被告可以补充证据。

25. 行政诉讼中，原告可以提供证据吗？

《行政诉讼法》第三十七条规定，原告可以提供证明行政行为违法的证据。原告提供的证据不成立的，不免除被告的举证责任。

26. 什么情形下，原告应当提供证据？

《行政诉讼法》第三十八条规定，在起诉被告不履行法定职责的案件中，原告应当提供其向被告提出申请的证据。但有下列情形之一的除外：（1）被告应当依职权主动履行法定职责的；（2）原告因正当理由不能提供证据的。

在行政赔偿、补偿的案件中，原告应当对行政行为造成的损害提供证据。因被告的原因导致原告无法举证的，由被告承担举证责任。

27. 法院可以调取哪些证据？

《行政诉讼法》第四十条规定，人民法院有权向有关行政机关以及其他组织、公民调取证据。但是，不得为证明行政行为的合法性调取被告作出行政行为时未收集的证据。

第四十一条规定，与本案有关的下列证据，原告或者第三人不能自行收集的，可以申请人民法院调取：

（1）由国家机关保存而须由人民法院调取的证据；

（2）涉及国家秘密、商业秘密和个人隐私的证据；

（3）确因客观原因不能自行收集的其他证据。

28. 证据可能灭失或者以后难以取得的，可以采取什么措施？

《行政诉讼法》第四十二条规定，在证据可能灭失或者以后难以取得的情况下，诉讼参加人可以向人民法院申请保全证据，人民法院也可以主动采取保全措施。

29. 证据应当在法庭上出示吗?

《行政诉讼法》第四十三条规定,证据应当在法庭上出示,并由当事人互相质证。对涉及国家秘密、商业秘密和个人隐私的证据,不得在公开开庭时出示。

人民法院应当按照法定程序,全面、客观地审查核实证据。对未采纳的证据应当在裁判文书中说明理由。

以非法手段取得的证据,不得作为认定案件事实的根据。

第六章　起诉和受理

30. 行政案件可以不经复议直接起诉吗？

《行政诉讼法》第四十四条规定，对属于人民法院受案范围的行政案件，公民、法人或者其他组织可以先向行政机关申请复议，对复议决定不服的，再向人民法院提起诉讼；也可以直接向人民法院提起诉讼。

法律、法规规定应当先向行政机关申请复议，对复议决定不服再向人民法院提起诉讼的，依照法律、法规的规定。

31. 不服复议决定，或者复议机关逾期不作决定的，可以在什么期限内起诉？

《行政诉讼法》第四十五条规定，公民、

法人或者其他组织不服复议决定的，可以在收到复议决定书之日起十五日内向人民法院提起诉讼。复议机关逾期不作决定的，申请人可以在复议期满之日起十五日内向人民法院提起诉讼。法律另有规定的除外。

32. 对行政行为直接向法院起诉的，诉讼时效是多久？

《行政诉讼法》第四十六条规定，公民、法人或者其他组织直接向人民法院提起诉讼的，应当自知道或者应当知道作出行政行为之日起六个月内提出。法律另有规定的除外。

因不动产提起诉讼的案件自行政行为作出之日起超过二十年，其他案件自行政行为作出之日起超过五年提起诉讼的，人民法院不予受理。

33. 对行政机关不履行法定职责起诉的，诉讼时效是多久？

《行政诉讼法》第四十七条规定，公民、法人或者其他组织申请行政机关履行保护其人身权、财产权等合法权益的法定职责，行政机关在接到申请之日起两个月内不履行的，公民、法人或者其他组织可以向人民法院提起诉讼。法律、法规对行政机关履行职责的期限另有规定的，从其规定。

公民、法人或者其他组织在紧急情况下请求行政机关履行保护其人身权、财产权等合法权益的法定职责，行政机关不履行的，提起诉讼不受前款规定期限的限制。

34. 因特殊情况耽误起诉期限的，可以延长期限吗？

《行政诉讼法》第四十八条规定，公民、法人或者其他组织因不可抗力或者其他不属于其自身的原因耽误起诉期限的，被耽误的时间不计算在起诉期限内。

公民、法人或者其他组织因前款规定以外的其他特殊情况耽误起诉期限的，在障碍消除后十日内，可以申请延长期限，是否准许由人民法院决定。

35. 对行政案件起诉应当符合哪些条件？

《行政诉讼法》第四十九条规定，提起诉讼应当符合下列条件：

（1）原告是符合本法第二十五条规定的公民、法人或者其他组织；

（2）有明确的被告；

（3）有具体的诉讼请求和事实根据；

（4）属于人民法院受案范围和受诉人民法院管辖。

36. 书写起诉状有困难的，可以口头起诉吗？

《行政诉讼法》第五十条规定，起诉应当

向人民法院递交起诉状，并按照被告人数提出副本。书写起诉状确有困难的，可以口头起诉，由人民法院记入笔录，出具注明日期的书面凭证，并告知对方当事人。

37. 什么情形下，法院应当接收起诉状？

《行政诉讼法》第五十一条第一款至第三款规定，人民法院在接到起诉状时对符合本法规定的起诉条件的，应当登记立案。

对当场不能判定是否符合本法规定的起诉条件的，应当接收起诉状，出具注明收到日期的书面凭证，并在七日内决定是否立案。不符合起诉条件的，作出不予立案的裁定。裁定书应当载明不予立案的理由。原告对裁定不服的，可以提起上诉。

起诉状内容欠缺或者有其他错误的，应当给予指导和释明，并一次性告知当事人需要补正的内容。不得未经指导和释明即以起诉不符合条件为由不接收起诉状。

38. 法院不接收起诉状、接收起诉状后不出具书面凭证，或者不一次性告知当事人需要补正的起诉状内容的，可以投诉吗？

《行政诉讼法》第五十一条第四款规定，对于不接收起诉状、接收起诉状后不出具书面凭证，以及不一次性告知当事人需要补正的起诉状内容的，当事人可以向上级人民法院投诉，上级人民法院应当责令改正，并对直接负责的主管人员和其他直接责任人员依法给予处分。

39. 法院既不立案，又不作出不予立案裁定的，当事人可以向上一级人民法院起诉吗？

《行政诉讼法》第五十二条规定，人民法院既不立案，又不作出不予立案裁定的，当事人可以向上一级人民法院起诉。上一级人民法院认为符合起诉条件的,应当立案、审理,也可以指定其他下级人民法院立案、审理。

40. 认为行政行为所依据的规范性文件不合法的,可以在起诉时一并请求审查吗?

《行政诉讼法》第五十三条规定,公民、法人或者其他组织认为行政行为所依据的国务院部门和地方人民政府及其部门制定的规范性文件不合法,在对行政行为提起诉讼时,可以一并请求对该规范性文件进行审查。前述规定的规范性文件不含规章。

第七章　审理和判决

41. 诉讼期间，可以停止行政行为的执行吗？

《行政诉讼法》第五十六条规定，诉讼期间，不停止行政行为的执行。但有下列情形之一的，裁定停止执行：

（1）被告认为需要停止执行的；

（2）原告或者利害关系人申请停止执行，人民法院认为该行政行为的执行会造成难以弥补的损失，并且停止执行不损害国家利益、社会公共利益的；

（3）人民法院认为该行政行为的执行会给国家利益、社会公共利益造成重大损害的；

（4）法律、法规规定停止执行的。

当事人对停止执行或者不停止执行的裁定不服的，可以申请复议一次。

42. 哪些行政案件起诉时可以先予执行？

《行政诉讼法》第五十七条规定，人民法院对起诉行政机关没有依法支付抚恤金、最低生活保障金和工伤、医疗社会保险金的案件，权利义务关系明确、不先予执行将严重影响原告生活的，可以根据原告的申请，裁定先予执行。

当事人对先予执行裁定不服的，可以申请复议一次。复议期间不停止裁定的执行。

43. 诉讼参与人妨碍诉讼的，应当承担什么法律后果？

《行政诉讼法》第五十九条规定，诉讼参与人或者其他人有下列行为之一的，人民法院可以根据情节轻重，予以训诫、责令具结悔过或者处一万元以下的罚款、十五日以下的拘留；构成犯罪的，依法追究刑事责任：

（1）有义务协助调查、执行的人，对人民法院的协助调查决定、协助执行通知书，无故推拖、拒绝或者妨碍调查、执行的；

（2）伪造、隐藏、毁灭证据或者提供虚假证明材料，妨碍人民法院审理案件的；

（3）指使、贿买、胁迫他人作伪证或者威胁、阻止证人作证的；

（4）隐藏、转移、变卖、毁损已被查封、扣押、冻结的财产的；

（5）以欺骗、胁迫等非法手段使原告撤诉的；

（6）以暴力、威胁或者其他方法阻碍人民法院工作人员执行职务，或者以哄闹、冲击法庭等方法扰乱人民法院工作秩序的；

（7）对人民法院审判人员或者其他工作人员、诉讼参与人、协助调查和执行的人员恐吓、侮辱、诽谤、诬陷、殴打、围攻或者打击报复的。

人民法院对有前述规定的行为之一的单位，可以对其主要负责人或者直接责任人员依照前款规定予以罚款、拘留；构成犯罪的，依法追究刑事责任。

罚款、拘留须经人民法院院长批准。当事人不服的，可以向上一级人民法院申请复议一次。复议期间不停止执行。

44. 法院审理行政案件，适用调解吗？

《行政诉讼法》第六十条规定，人民法院审理行政案件，不适用调解。但是，行政赔偿、补偿以及行政机关行使法律、法规规定的自由裁量权的案件可以调解。

调解应当遵循自愿、合法原则，不得损害国家利益、社会公共利益和他人合法权益。

45. 法院审理行政案件以什么为依据？

《行政诉讼法》第六十三条规定，人民法院审理行政案件，以法律和行政法规、地方性法规为依据。地方性法规适用于本行政区域内发生的行政案件。人民法院审理民族自治地方的行政案件,并以该民族自治地方的自治条例和单行条例为依据。人民法院审理行政案件,参照规章。

46. 法院在审理行政案件中,经审查认为规范性文件不合法的,如何处理?

根据《行政诉讼法》第五十三条、第六十四条的规定,公民、法人或者其他组织认为行政行为所依据的国务院部门和地方人民政府及其部门制定的规范性文件不合法,在对行政行为提起诉讼时,可以一并请求对该规范性文件进行审查。此处的规范性文件不含规章。

人民法院在审理行政案件中,经审查认为行政行为所依据的规范性文件不合法的,不作为认定行政行为合法的依据,并向制定机关提出处理建议。

47. 法院在审理行政案件中，认为行政机关的主管人员、直接责任人员违法违纪的，如何处理？

《行政诉讼法》第六十六条第一款规定，人民法院在审理行政案件中，认为行政机关的主管人员、直接责任人员违法违纪的，应当将有关材料移送监察机关、该行政机关或者其上一级行政机关；认为有犯罪行为的，应当将有关材料移送公安、检察机关。

48. 法院在审理行政案件中，被告经传票传唤无正当理由拒不到庭，或者未经法庭许可中途退庭的，如何处理？

《行政诉讼法》第六十六条第二款规定，人民法院对被告经传票传唤无正当理由拒不到庭，或者未经法庭许可中途退庭的，可以将被告拒不到庭或者中途退庭的情况予以公告，并可以向监察机关或者被告的上一级行政机关提出依法给予其主要负责人或者直接责任人员处分的司法建议。

49. 什么情形下,法院判决驳回原告的诉讼请求?

《行政诉讼法》第六十九条规定,行政行为证据确凿,适用法律、法规正确,符合法定程序的,或者原告申请被告履行法定职责或者给付义务理由不成立的,人民法院判决驳回原告的诉讼请求。

50. 什么情形下,法院判决撤销或者部分撤销行政行为?

《行政诉讼法》第七十条规定,行政行为有下列情形之一的,人民法院判决撤销或者部分撤销,并可以判决被告重新作出行政行为:(1)主要证据不足的;(2)适用法律、法规错误的;(3)违反法定程序的;(4)超越职权的;(5)滥用职权的;(6)明显不当的。

51. 法院判决被告重新作出行政行为的，被告可以作出与原行政行为相同的行政行为吗？

《行政诉讼法》第七十一条规定，人民法院判决被告重新作出行政行为的，被告不得以同一的事实和理由作出与原行政行为基本相同的行政行为。

52. 什么情形下，法院判决被告在一定期限内履行法定职责？

《行政诉讼法》第七十二条规定，人民法院经过审理，查明被告不履行法定职责的，判决被告在一定期限内履行。

53. 什么情形下，法院判决被告履行给付义务？

《行政诉讼法》第七十三条规定，人民法院经过审理，查明被告依法负有给付义务的，判决被告履行给付义务。

54. 什么情形下，法院判决确认行政行为违法？

《行政诉讼法》第七十四条规定，行政行为有下列情形之一的，人民法院判决确认违法，但不撤销行政行为：

（1）行政行为依法应当撤销，但撤销会给国家利益、社会公共利益造成重大损害的；

（2）行政行为程序轻微违法，但对原告权利不产生实际影响的。

行政行为有下列情形之一，不需要撤销或者判决履行的，人民法院判决确认违法：

（1）行政行为违法，但不具有可撤销内容的；

（2）被告改变原违法行政行为，原告仍要求确认原行政行为违法的；

（3）被告不履行或者拖延履行法定职责，判决履行没有意义的。

55. 什么情形下，法院判决确认行政行为无效？

《行政诉讼法》第七十五条规定，行政行为有实施主体不具有行政主体资格或者没有依据等重大且明显违法情形，原告申请确认行政行为无效的，人民法院判决确认无效。

56. 法院判决确认违法或者无效的，可以要求被告采取补救措施或承担赔偿责任吗？

《行政诉讼法》第七十六条规定，人民法院判决确认违法或者无效的，可以同时判决责令被告采取补救措施；给原告造成损失的，依法判决被告承担赔偿责任。

57. 什么情形下，法院判决变更行政行为？

《行政诉讼法》第七十七条规定，行政处罚明显不当，或者其他行政行为涉及对款额的确定、认定确有错误的，人民法院可以判决变更。人民法院判决变更，不得加重原告的义务或者减损原告的权益。但利害关系人同为原告，且诉讼请求相反的除外。

58. 被告不依法履行、未按照约定履行或者违法变更、解除行政协议的，法院判决被告承担什么责任？

《行政诉讼法》第七十八条规定，被告不依法履行、未按照约定履行或者违法变更、解除本法第十二条第一款第十一项规定的协议的，人民法院判决被告承担继续履行、采取补救措施或者赔偿损失等责任。

被告变更、解除本法第十二条第一款第十一项规定的政府特许经营协议、土地房屋征收补偿协议等协议合法，但未依法给予补偿的，人民法院判决给予补偿。

59. 法院一审的审理期限是多久？

《行政诉讼法》第八十一条规定，人民法院应当在立案之日起六个月内作出第一审判决。有特殊情况需要延长的，由高级人民法院批准，高级人民法院审理第一审案件需要延长的，由最高人民法院批准。

60. 法院审理哪些第一审行政案件可以适用简易程序？

《行政诉讼法》第八十二条规定，人民法院审理下列第一审行政案件，认为事实清楚、权利义务关系明确、争议不大的，可以适用简易程序：（1）被诉行政行为是依法当场作出的；（2）案件涉及款额二千元以下的；（3）属于政府信息公开案件的。

除前述规定以外的第一审行政案件，当事人各方同意适用简易程序的，可以适用简易程序。

发回重审、按照审判监督程序再审的案件不适用简易程序。

61. 适用简易程序审理的行政案件,审理期限是多久?

《行政诉讼法》第八十三条规定,适用简易程序审理的行政案件,由审判员一人独任审理,并应当在立案之日起四十五日内审结。

62. 当事人不服人民法院第一审判决或裁定的,上诉期限是多久?

《行政诉讼法》第八十五条规定,当事人不服人民法院第一审判决的,有权在判决书送达之日起十五日内向上一级人民法院提起上诉。当事人不服人民法院第一审裁定的,有权在裁定书送达之日起十日内向上一级人民法院提起上诉。逾期不提起上诉的,人民法院的第一审判决或者裁定发生法律效力。

63. 法院审理上诉案件，审理期限是多久？

《行政诉讼法》第八十八条规定，人民法院审理上诉案件，应当在收到上诉状之日起三个月内作出终审判决。有特殊情况需要延长的，由高级人民法院批准，高级人民法院审理上诉案件需要延长的，由最高人民法院批准。

64. 法院审理上诉案件，如何根据不同情形作出处理？

《行政诉讼法》第八十九条规定，人民法院审理上诉案件，按照下列情形，分别处理：

（1）原判决、裁定认定事实清楚，适用法律、法规正确的，判决或者裁定驳回上诉，维持原判决、裁定；

（2）原判决、裁定认定事实错误或者适用法律、法规错误的，依法改判、撤销或者变更；

（3）原判决认定基本事实不清、证据不足

的，发回原审人民法院重审，或者查清事实后改判；

（4）原判决遗漏当事人或者违法缺席判决等严重违反法定程序的，裁定撤销原判决，发回原审人民法院重审。

原审人民法院对发回重审的案件作出判决后，当事人提起上诉的，第二审人民法院不得再次发回重审。

人民法院审理上诉案件，需要改变原审判决的，应当同时对被诉行政行为作出判决。

65. 什么情形下，当事人可以申请再审？

《行政诉讼法》第九十条规定，当事人对已经发生法律效力的判决、裁定，认为确有错误的，可以向上一级人民法院申请再审，但判决、裁定不停止执行。

66. 什么情形下，法院应当再审？

《行政诉讼法》第九十一条规定，当事人的

申请符合下列情形之一的，人民法院应当再审：

（1）不予立案或者驳回起诉确有错误的；

（2）有新的证据，足以推翻原判决、裁定的；

（3）原判决、裁定认定事实的主要证据不足、未经质证或者系伪造的；

（4）原判决、裁定适用法律、法规确有错误的；

（5）违反法律规定的诉讼程序，可能影响公正审判的；

（6）原判决、裁定遗漏诉讼请求的；

（7）据以作出原判决、裁定的法律文书被撤销或者变更的；

（8）审判人员在审理该案件时有贪污受贿、徇私舞弊、枉法裁判行为的。

67. 公民、法人或者其他组织拒绝履行判决、裁定、调解书的，可以强制执行吗？

《行政诉讼法》第九十四条规定，当事人

必须履行人民法院发生法律效力的判决、裁定、调解书。第九十五条规定，公民、法人或者其他组织拒绝履行判决、裁定、调解书的，行政机关或者第三人可以向第一审人民法院申请强制执行，或者由行政机关依法强制执行。

68. 公民、法人或者其他组织对行政行为在法定期限内不提起诉讼又不履行的，可以强制执行吗？

《行政诉讼法》第九十七条规定，公民、法人或者其他组织对行政行为在法定期限内不提起诉讼又不履行的，行政机关可以申请人民法院强制执行，或者依法强制执行。

69. 行政机关拒绝履行判决、裁定、调解书的，法院可以采取哪些措施？

《行政诉讼法》第九十六条规定，行政机关拒绝履行判决、裁定、调解书的，第一审人民法院可以采取下列措施：

（1）对应当归还的罚款或者应当给付的款额，通知银行从该行政机关的账户内划拨；

（2）在规定期限内不履行的，从期满之日起，对该行政机关负责人按日处五十元至一百元的罚款；

（3）将行政机关拒绝履行的情况予以公告；

（4）向监察机关或者该行政机关的上一级行政机关提出司法建议。接受司法建议的机关，根据有关规定进行处理，并将处理情况告知人民法院；

（5）拒不履行判决、裁定、调解书，社会影响恶劣的，可以对该行政机关直接负责的主管人员和其他直接责任人员予以拘留；情节严重，构成犯罪的，依法追究刑事责任。

典型案例

1. 刘某某诉广东省某市人民政府行政复议案[①]

裁判要点

建筑施工企业违反法律、法规规定将自己承包的工程交由自然人实际施工,该自然人因工伤亡,社会保险行政部门参照《最高人民法院关于审理工伤保险行政案件若干问题的规定》第三条第一款有关规定认定建筑施工企业为承担工伤保险责任单位的,人民法院应予支持。

基本案情

2016年3月31日,朱某某与茂名市茂南

[①] 最高人民法院指导案例191号。

建安集团有限公司（以下简称建安公司）就朱某某商住楼工程签订施工合同，发包人为朱某某，承包人为建安公司。补充协议约定由建安公司设立工人工资支付专用账户，户名为陆某某。随后，朱某某商住楼工程以建安公司为施工单位办理了工程报建手续。案涉工程由梁某某组织工人施工，陆某某亦在现场参与管理。施工现场大门、施工标志牌等多处设施的醒目位置，均标注该工程的承建单位为建安公司。另查明，建安公司为案涉工程投保了施工人员团体人身意外伤害保险，保险单载明被保险人30人，未附人员名单。2017年6月9日，梁某某与陆某某接到某市住建部门的检查通知，二人与工地其他人员在出租屋内等待检查。该出租屋系梁某某承租，用于工地开会布置工作和发放工资。当日15时许，梁某某被发现躺在出租屋内，死亡原因为猝死。

梁某某妻子刘某某向广东省某市人力资源和社会保障局（以下简称某市人社局）申请工

伤认定。某市人社局作出《关于梁某某视同工亡认定决定书》（以下简称《视同工亡认定书》），认定梁某某是在工作时间和工作岗位，突发疾病在四十八小时之内经抢救无效死亡，符合《工伤保险条例》第十五条第一款第一项规定的情形，视同因工死亡。建安公司不服，向广东省某市人民政府（以下简称某市政府）申请行政复议。某市政府作出《行政复议决定书》，以某市人社局作出的《视同工亡认定书》认定事实不清、证据不足、适用依据错误，程序违法为由，予以撤销。刘某某不服，提起诉讼，请求撤销《行政复议决定书》，恢复《视同工亡认定书》的效力。

裁判结果

广东省清远市中级人民法院于2018年7月27日作出（2018）粤18行初42号行政判决：驳回刘某某的诉讼请求。刘某某不服一审判决，提起上诉。广东省高级人民法院于2019年9月29日作出（2019）粤行终390号行政判决：驳回上诉，维持原判。刘某某不服二审判决，向最高人民法院申请再审。最高人民法院于 2020 年 11 月 9 日作出（2020）最高法行申 5851 号行政裁定，提审本案。2021 年 4 月 27 日，最高人民法院作出（2021）最高法行再 1 号行政判决：一、撤销广东省高级人民法院（2019）粤行终 390 号行政判决；二、撤销广东省清远市中级人民法院（2018）粤 18 行初 42 号行政判决；三、撤销某市政府作出的英府复决〔2018〕2 号《行政复议决定书》；四、恢复某市人社局作出的英人社工认〔2017〕194 号《视同工亡认定书》的效力。

裁判理由

最高人民法院认为：

一、建安公司应作为承担工伤保险责任的单位

作为具备用工主体资格的承包单位，既然享有承包单位的权利，也应当履行承包单位的义务。在工伤保险责任承担方面，建安公司与

梁某某之间虽未直接签订转包合同,但其允许梁某某利用其资质并挂靠施工,参照原劳动和社会保障部《关于确立劳动关系有关事项的通知》(劳社部发〔2005〕12号)第四条、《人力资源和社会保障部关于执行〈工伤保险条例〉若干问题的意见》(人社部发〔2013〕34号)第七点规定以及《最高人民法院关于审理工伤保险行政案件若干问题的规定》第三条第一款第四项、第五项规定精神,可由建安公司作为承担工伤保险责任的单位。

二、建安公司应承担梁某某的工伤保险责任

某市政府和建安公司认为,根据法律的相关规定,梁某某是不具备用工主体资格的"包工头",并非其招用的劳动者或聘用的职工,梁某某因工伤亡不应由建安公司承担工伤保险责任。对此,最高人民法院认为,将因工伤亡的"包工头"纳入工伤保险范围,赋予其享受工伤保险待遇的权利,由具备用工主体资格的承包单位承担用人单位依法应承担的工伤保险责任，符合工伤保险制度的建立初衷，也符合《工伤保险条例》及相关规范性文件的立法目的。

2. 糜某诉浙江省某市住房和城乡建设局、某市人民政府信息公开及行政复议检察监督案[①]

要旨

人民检察院办理因对送达日期存在争议引发的行政诉讼监督案件，发现法律文书送达不规范、影响当事人依法主张权利等普遍性问题，在监督纠正个案的同时，督促人民法院规范送达程序，促使邮政机构加强管理，确保有效送达。

基本案情

2017年1月11日，糜某向某市住房和城

[①] 最高人民检察院检例第149号。

乡建设局（以下简称市住建局）申请查询位于该市某路段的一间中式平房房地产原始登记凭证。2017年2月9日，市住建局作出《政府信息依申请公开告知书》，并向糜某提供其申请公开的房地产所有权证复印件一份。2月16日，糜某向市人民政府申请行政复议。市人民政府认为，除其中一项不属于政府信息公开范围外，市住建局已向糜某提供了其申请公开的信息，在法定期限内履行了职责，遂于4月16日作出维持原行政行为的行政复议决定书，并按照糜某预留的送达地址某市×苑×幢×室，交由中国邮政速递物流股份有限公司某市分公司（以下简称某邮政公司）专递送达。同年4月18日，某邮政公司投递员因电话联系糜某未果，遂将该邮件交由糜某预留送达地址所在小区普通快递代收点某副食品商店代收，并短信告知糜某，但未确认糜某已收到告知短信。因糜某未查看短信中的通知信息，其于同年5月10日才实际收到该邮件。

2017年5月12日,糜某向某市某区人民法院提起行政诉讼,请求撤销市住建局作出的《政府信息依申请公开告知书》和市人民政府作出的《行政复议决定书》。一审法院认为,糜某于2017年4月18日收到行政复议决定,5月12日提起行政诉讼,已超过法定的十五日起诉期限,裁定不予立案。糜某向市中级人民法院提出上诉,二审法院以糜某未提供有效证据证明其因不可抗力或者其他不属于自身原因耽误起诉期限为由,裁定驳回上诉。糜某申请再审,亦被驳回。

检察机关履职过程

监督意见。市人民检察院经审查认为,法院一、二审行政裁定认定事实错误。第一,在无证据证明副食品商店系糜某的指定代收人或者钟某为糜某的同住成年家属或诉讼代理人的情况下,原审法院认定糜某于2017年4月18日收到涉案行政复议决定书证据不足。邮政公司将复议决定书送达至副食品商店,并由该商店签收,不能视为有效送达。第二,钟某及邮政公司出具的相关材料可以证明糜某收到复议决定的时间为2017年5月10日。第三,根据《行政诉讼法》第四十五条规定,公民、法人或者其他组织不服复议决定向人民法院提起诉讼的起诉期限为收到复议决定书之日起十五日,糜某5月10日实际收到行政复议决定书,其于5月12日向区人民法院起诉,并未超过起诉期限。市人民检察院提请浙江省人民检察院抗诉,2018年12月4日,浙江省人民检察院依法向浙江省高级人民法院提出抗诉。

监督结果。浙江省高级人民法院采纳检察机关抗诉意见,于2019年9月5日依法作出再审行政裁定,撤销原一、二审不予受理裁定,指令区人民法院立案受理。同年10月15日,区人民法院受理该案,经依法审理于2020年4月3日作出一审判决。

指导意义

(一)送达法律文书属于重要的法律行为,

行政复议和行政诉讼百问百答

执法司法机关应当确保法律文书有效送达。送达具有权利保障与程序推进的双重作用。送达日期是当事人行使权利、履行义务的重要时间节点。送达不规范导致当事人未收到或者未及时收到法律文书,不仅影响当事人及时行使权利、履行义务,还可能引发新的矛盾纠纷乃至关联性案件。执法司法机关要把以人民为中心的宗旨落实到执法司法的各个环节,提高对送达工作重要性的认识,强化责任意识,遵守法定要求,确保有效送达,切实保障当事人合法权益。人民检察院开展法律监督,发现执法司法机关存在法律文书不能依法有效送达问题,可以通过制发检察建议等方式促进依法送达工作。如,2018年11月11日,最高人民检察院就检察机关履行法律监督职责中发现的人民法院民事公告送达存在送达方式、送达内容、送达程序等不规范问题,依法向最高人民法院制发"二号检察建议书",建议降低当事人诉讼负担,提升公告效率;充分运用大数据等现代科技手段,强化人民法院依职权调查当事人送达地址的工作力度,实现公告送达的电子推送以提高送达率等,促进普遍性问题的改进解决。

(二)人民检察院办理行政诉讼监督案件,对于人民法院错误认定法律文书送达日期,以超过起诉期限为由裁定不予立案或者驳回起诉的,应当依法进行监督。送达日期直接关系起诉期限的计算,行政起诉如无正当事由超过起诉期限,当事人则丧失诉权,法院将不再受理。人民检察院发现人民法院在审理行政诉讼案件中认定有效送达日期错误,导致确定起诉期限起算点错误的,应当依法提出监督意见,督促人民法院纠正错误。

……

3. 范某某诉浙江省某县人民政府环保行政复议案[①]

典型意义

本案起诉的行政行为虽然是某县政府的行政复议决定，但实质的争议焦点是某县环保局是否依法履行了环境保护的法定职责。近年来，随着环保理念深入人心，人民群众针对违法排污、排气等环境违法行为的投诉举报不断增多。但一些对环境保护负有监督管理职责的行政机关依法履责意识淡薄，有些对群众的投诉举报或不予理睬，或拖延不办，有些则将群众的投诉举报作为一般信访事项转办了事，没有下文。本案终审裁判认为，上诉人投诉称相关单位将生猪养殖和餐具消毒污水直接排放于河道，造成水质严重污染，致其养殖的鱼和珍

[①] 《最高人民法院公布七起保障民生典型案例》，载最高人民法院网，http://gongbao.court.gov.cn/Details/a66f43c0e70ae763eb491a269e6d33.html。

珠蚌大量死亡，故要求被申请人履行依法查处职责。从上诉人的投诉内容看并非《信访条例》规定的信访事项范畴，而系要求被申请人对污染河道的行为予以制止并依法进行查处，该请求事项属于被申请人的法定职责范围。因此，被上诉人某县人民政府仍将上诉人的投诉事项界定为信访投诉，并依据《信访条例》规定认为上诉人的复议申请条件尚未成就，并据此驳回上诉人的行政复议申请，属于认定事实不清，证据不足，遂依法判决撤销并判令其重作。该裁判要旨要求环境保护行政主管机关正确区分行政相对人信访事项与履责申请，积极履行对环境违法行为监管查处的法定职责，具有典型意义。据了解，案件终审判决后，某县环保局对相关违法排污企业进行了查处。

基本案情

范某某自2002年开始利用某县干窑镇白龙潭60亩水域从事渔业养殖。2012年11月20日，范某某致信某县环境保护局投诉河道污染严重、养殖业受损一事,要求职能部门认真履行职责,依法查处,弥补损失,并作出具体行政行为。信中反映2012年5月以来有人养殖生猪,开办餐具洗涤厂,所产生污水排入河道,造成水质严重污染,养殖鱼类大量死亡。2012年11月21日,某县环境保护局收到范某某的投诉信件。2012年12月31日,范某某向某县人民政府申请行政复议,要求责令某县环境保护局履行法定职责。

2013年2月26日,某县人民政府作出善政复决字〔2013〕5号行政复议决定认为,范某某以其向被申请人某县环境保护局投诉反映问题后,某县环境保护局未履行法定职责为由,申请行政复议属于行政复议受理范围。国务院《信访条例》第二十二条第二款规定,有关行政机关收到信访事项后,能够当场答复是否受理的,应当当场书面答复;不能当场答复的,应当自收到信访事项之日起15日内书面告知信访人。被申请人某县环境保护局未提交证据证明对范某某信访事项的登记受理情况,应当认为被申请人某县环境保护局已经受理该信访事项。《信访条例》第三十三条规定,信访事项应在受理之日起60日内办结;情况复杂的,可适当延长办理期限,但延长期限不得超过30日,并告知信访人延长理由。被申请人某县环境保护局2012年11月21日收到信访申请,至2012年12月31日范某某申请行政复议之时,仍在《信访条例》所规定的办理期限内。《行政复议法实施条例》第十六条第一款规定,公民、法人或者其他组织申请行政机关履行法定职责,行政机关未履行的,行政复议申请期限依照下列规定计算:有履行期限的,自履行期限届满之日起计算……故本案行政复议申请期限应当按照《信访条例》规定的履行期限届满之日起计算。据此,范某某申请行政复议不符合《行政复议法实施条例》第二十八条第(四)项规定,未在法定申请期限内提出。依照《行政复议法实施条例》第四十八条第一款第（二）项的规定，决定驳回范某某的行政复议申请。

范某某不服该复议决定，向某县人民法院诉称，某县人民政府所作行政复议决定程序违法、认定事实和适用法律均错误，且导致其损失扩大，请求撤销善政复决字〔2013〕5号行政复议决定书，责令被告重新作出复议决定，判令被告赔偿其故意拖延期间所造成的损失。

裁判结果

嘉兴市中级人民法院于2013年5月21日作出（2013）浙嘉行初字第2号行政判决，判决撤销某县人民政府善政复决字〔2013〕5号行政复议决定；某县人民政府自本判决生效之日起在法定期限内重新作出具体行政行为；驳回范某某其他诉讼请求。范某某不服，向浙江省高级人民法院提出上诉。浙江省高级人民法院经审理认为，本案是一起针对被上诉人某县人民政府行政复议决定提起的诉讼案件。被上诉人认为上诉人向被申请人某县环境保护局提出的投诉事项属于信访事项范畴,且被申请人在收悉投诉事项后亦未超过信访条例规定的办理期限,故上诉人径直申请行政复议不符合行政复议的受理条件,据此驳回上诉人的行政复议申请。因此,上诉人投诉事项是否为信访事项还是属于履行法定职责申请应为案件的审理重点。国务院《信访条例》第二条规定,信访人向各级人民政府、县级以上人民政府工作部门反映情况,提出建议、意见或者投诉申请的属于信访事项。《水污染防治法》第八条第一款规定,县级以上人民政府环境保护主管部门对水污染防治实施统一监督管理。该法第二十七条、第六十九条规定,环境保护主管部门和其他依照本法规定行使监督管理权的部门,有权对管辖范围内的排污单位进行现场检查;发现违法行为或者接到对违法行为的举报后不予查处的,或者有其他未依照本法规定履行职责的行为的,对直接负责的主管人员和其他直接责任人员依法给予处分。被申请人某县环境保护局在其网站公布的工作职责第三项、第六项亦明确，其承担监督管理大气、水体、土壤等事项的污染防治和环境保护行政执法检查工作。

本案中，上诉人投诉认为，相关单位存在将生猪养殖和餐具消毒污水直接排放于河道的行为，造成水质严重污染，并致其养殖的鱼和珍珠蚌大量死亡，故要求被申请人履行职责、依法查处。从上诉人的投诉内容看并非《信访条例》规定的信访事项范畴，而系要求被申请人对污染河道的行为予以制止并依法进行查处，该请求事项属于被申请人的法定职责范围。因此，被上诉人某县人民政府仍将上诉人的投诉事项界定为信访投诉，并依据《信访条例》规定认为上诉人的复议申请条件尚未成就，并据此驳回上诉人的行政复议申请，属于认定事实不清，证据不足，依法应予撤销并判令其重作。被上诉人的被诉具体行政行为虽然缺乏事实和法律依据，但该行为本身并未给上诉人带来物质利益的损害,故上诉人就此提出行政赔偿请求,缺乏事实和法律依据,依法不予支持。遂于2013年8月2日作出(2013)浙行终字第115号行政判决,驳回上诉,维持原判。

4. 某国际有限公司、湖北某高速公路有限公司诉湖北省荆州市人民政府、湖北省人民政府解除特许权协议及行政复议一案[①]

典型意义

政府通过BOT协议引进社会资本参与高速公路建设,是新时代中国特色社会主义市场经济不断发展的必然产物,也是发挥政府职能,充分释放社会资本潜力,更好地实现行政管理和公共服务目标的有效方式。因此,BOT协议

---

① 《最高人民法院发布第二批行政协议诉讼型案例》,载最高人民法院网,https://www.court.gov.cn/zixun/xiangqing/355511.html。

的性质通常为行政协议，由此引发的相关争议，依法应由行政诉讼予以受理。另外，本案中湖北省政府作出维持复议决定，表明复议机关亦可以依法受理行政协议争议。协议相对人存在根本违约行为，导致协议目的不能实现时，行政机关可以单方行使法定解除权。因行政机关不能以原告身份提起行政协议之诉，行政机关通常以单方通知或决定的方式，依法送达给协议相对人以解除行政协议，送达之日即为行政协议解除之时。行政机关单方解除行政协议的，应当在解除决定中就协议解除后的法律后果一并予以明确，尤其是协议相对人依法应当履行相应义务或承担相应责任的。关于行政协议解除的法律效力，可以参照适用有关民事合同法律规范。本案中，尽管协议相对人因自身原因导致行政协议被解除，依法应当承担违约责任，但其在前期建设中进行了大额投资和建设，因而整体上仍存在利益需要返还的可能，人民法院据此建议行政机关妥善处理好后续审计、补偿事宜，有助于行政争议的妥善化解，也有利于保障社会资本方参与公私合作的积极性和安全感。

基本案情

2008年4月，湖北省荆州市人民政府（以下简称荆州市政府）、湖北省荆州市交通运输局（以下简称荆州市交通局）作为甲方与乙方某国际有限公司（以下简称某国际公司）订立了《武汉至监利高速公路洪湖至监利段项目投资协议》约定，甲方同意按照BOT（Build-Operate-Transfer，建设—经营—转让）方式（以下简称BOT）授予乙方武汉至监利高速公路洪湖至监利段项目投资经营权。乙方接受授权，愿意按照政府部门批复的建设内容、方案、基数标准、投资估算完成该项目工程的前期工作、投资建设、运营和特许期满后的移交工作。特许期30年，自工程建设完成，通过验收投入试运营之日起计算。2008年6月，某国际公司依法组建了以其为独资股东的湖北某高速公路有限公司（以下简称某高速公司），随后荆州市交通局（甲方）与某高速公司（乙方）订立了《特许权协议》，对特许期、双方的权利义务、单方解除权等事项进行了详细约定。涉案项目自2013年下半年正式动工建设，因某高速公司与其委托施工单位发生纠纷，涉案项目自2015年7月始停滞。

2015年11月，荆州市交通局向某高速公司下达了《违约整改通知书》，要求某高速公司迅速组织项目资金到位，在60日内组织施工单位全面复工，否则将考虑是否解除特许权协议。此后，荆州市政府、荆州市交通局多次要求某国际公司组织资金复工，某国际公司收到通知后进行了相应回复，但并未实质恢复项目正常建设。2016年11月，荆州市交通局根据《特许权协议》第七十七条的约定作出《终止（解除）协议意向通知》，通知某高速公司在三十天内就采取措施避免单方面解除《特许权协议》进行协商。嗣后，某高速公司未与荆州市交通局达成一致意见。2017年7月,荆州市交通局依某国际公司、某高速公司申请就拟终止(解除)《特许权协议》举行听证之后作出了《终止(解除)特许权协议通知》(以下简称《通知》)并送达。

某国际公司、某高速公司不服《通知》向湖北省人民政府(以下简称湖北省政府)提起了行政复议,湖北省政府复议予以维持。某国际公司、某高速公司不服诉至法院,请求撤销荆州市政府作出的《通知》和湖北省政府作出的维持复议决定。

裁判结果

湖北省武汉市中级人民法院一审认为,涉案协议系荆州市政府为加快湖北省高速公路建设,改善公路网布局,以BOT方式授予某国际公司洪湖至监利段项目投资经营权,属于以行政协议的方式行使行政权力的行为。在行政协议的订立、履行过程中,不仅行政机关应当恪守法定权限,不违背法律、法规的强制性规定，履行协议约定的各项义务，作为行政协议的相对方的某国际公司亦应严格遵守法定和约定的义务，否则行政机关有权依照法律规定以及协议的约定，行使解除协议的权利。本案中，某高速公司因与其委托施工方发生争议，涉案项目自2015年7月始未正常推进，致使协议目的不能实现，《特许权协议》约定的荆州市政府行使单方解除权的条件成就，荆州市政府作出《通知》符合法律规定，亦符合《特许权协议》的约定。此外，为妥善处理争议，荆州市政府不仅按照约定给予了协谈整改期，且在拟作出解除协议之前给予某高速公司充分的陈述、申辩权并如期举行了听证，作出被诉《通知》行为事实清楚，证据充分，程序妥当。一审法院遂驳回了某国际公司、某高速公司的诉讼请求，但考虑到某国际公司、某高速公司在涉案项目前期建设中，已进行了大额投资和建设，建议荆州市政府在协议终止后，妥善处理好后续审计、补偿事宜。某国际公司、某高速公司不服，提起上诉。湖北省高级人民法院二审判决驳回上诉，维持一审判决。

5. 徐某某与贵州省某县政府辞退决定行政复议检察监督案[①]

典型意义

检察机关在办案中对超过复议期限、法院没有实体审理的案件，应当综合采取调查核实、释法说理等方式，促进行政争议实质性化解。本案中，检察长带头办案，经调查核实查明相关单位未发放辞退费，徐某某被辞退前有22年工龄未办理养老保险等事实，依法向行政机关提出检察建议，维护徐某某合法权益，同时释法说理，引导徐某某提出合理诉求，促成持续12年的行政争议得到解决，赢得人民群众

[①] 《最高检发布"加强行政检察监督 促进行政争议实质性化解"典型案例》，载最高人民检察院网，https：//www.spp.gov.cn/spp/xwfbh/wsfbh/202102/t20210223_509722.shtml。

和行政机关共同认可。

基本案情

贵州某县中学教师徐某某，2008年7月请假外出，逾期15天不归，经学校催告仍未返回，经该中学决定，教育局、人社局审批，县人社局作出《关于辞退徐某某同志的决定》（以下简称《辞退决定》）。徐某某不服，不断上访。2014年10月，某县人社局作出了《关于徐某某要求撤销某县人事劳动和社会保障局的辞退决定立即恢复工作的紧急请求书的答复》（以下简称《答复》），徐某某不服《辞退决定》和《答复》，于2014年11月27日向某县政府申请行政复议，县政府在法定期限内未作出行政复议决定。2015年8月，徐某某向某市中级人民法院提起行政诉讼，该市中院以不属于行政诉讼受案范围裁定驳回徐某某的起诉，徐某某不服向贵州省高级人民法院上诉，贵州省高级人民法院指令该中院继续审理。该市中院以某县政府已受理原告行政复议申请为由，判决该县政府依法履行行政复议法定职责。某县政府于2017年3月14日作出复议决定驳回徐某某的复议申请，徐某某不服，再次向某市中院提起行政诉讼。某市中院以徐某某诉求不属于行政复议受案范围，复议机关驳回其复议申请并无不当为由驳回徐某某诉讼请求。二审、再审法院均以超过行政复议申请期限，且不属于行政复议范围，驳回徐某某上诉和再审申请。

监督结果

徐某某不服，申请检察机关监督。贵州省人民检察院审查认为辞退决定并无不当；经调查核实，根据事业单位辞退人员暂行规定以及贵州省事业单位养老保险制度改革前辞退人员视同缴费年限认定问题的规定，该县中学应当发放辞退费，徐某某22年工龄可以视同养老保险缴费年限。该案经过复议、6次诉讼和多次信访，12年间经司法行政、审判、信访等多机关处理，矛盾大，处理棘手。贵州省人民检察院党组书记、检察长傅信平带头办案,作为主办检察官分析研判案情,推动案件化解。检察机关说服徐某某放弃恢复工作等不合理诉求,引导其诉求转向获取养老保障,同时向行政机关建议依法依规发放辞退费并为徐某某办理养老保险。行政机关接受检察机关建议,为徐某某发放辞退费并办理养老保险。徐某某养老得到保障,自愿撤回监督申请、息诉罢访。

图书在版编目（CIP）数据

行政复议和行政诉讼百问百答／中国法制出版社编．—北京：中国法制出版社，2023.9
ISBN 978-7-5216-3748-9

Ⅰ.①行… Ⅱ.①中… Ⅲ.①行政复议法-中国-问题解答②行政诉讼法-中国-问题解答 Ⅳ.①D925.3-44

中国国家版本馆 CIP 数据核字（2023）第 128712 号

| 责任编辑：秦智贤 | 封面设计：杨鑫宇 |

行政复议和行政诉讼百问百答
XINGZHENG FUYI HE XINGZHENG SUSONG BAIWEN BAIDA

经销／新华书店
印刷／三河市紫恒印装有限公司

| 开本/880 毫米×1230 毫米 64 开 | 印张/2.5 字数/ 66 千 |
| 版次/2023 年 9 月第 1 版 | 2023 年 9 月第 1 次印刷 |

中国法制出版社出版

书号 ISBN 978-7-5216-3748-9　　　　　　　定价：12.00 元

北京市西城区西便门西里甲 16 号西便门办公区
邮政编码：100053　　　　　　　传真：010-63141600
网址：http：//www.zgfzs.com　　编辑部电话：010-63141798
市场营销部电话：010-63141612　　印务部电话：010-63141606

（如有印装质量问题，请与本社印务部联系。）